恋愛の日本史

本郷和人

宝島社新書

はじめに

「土佐源氏」の衝撃

恋愛や性愛について、しばしば「古来、日本は性に対して大らかな文化を持っていた」と言われることがあります。橋本治さんの『性のタブーのない日本』（集英社）とか、大塚ひかりさんの『ジェンダーレスの日本史』（中央公論新社）のように、日本文学研究の分野では、そうした言及に接することがあります。あるいは、かつて、作家の丸谷才一《まるやさいいち》先生は、日本文化／日本文学の中心は「恋」であると論じました。確かに平安時代の貴族文化の中心にあった和歌が、基本的には恋を詠んだものであることを考えれば、納得できることでしょう。

私が専門とする歴史学の隣接領域である民俗学では、都市部で「性の乱れ」などが喧伝されるようになるにつれ、「いや、もっと地方に行ったほうがすごいんだ。

田舎のほうがもっと性に対して大らかなんだ」とも言われ、そうした性愛に関するさまざまな伝承や民俗資料を収集し、それを克明に記録してきました。

私が強烈に覚えているのは、民俗学者・宮本常一《みやもとつねいち》が記した「土佐源氏」という話です。宮本常一の代表作のひとつ『忘れられた日本人』（岩波書店）に収録された作品で、土佐（現在の高知県）にほど近い伊予（現在の愛媛県）の喜多郡に生まれた元馬喰の老人が、亡くなった親分の妾《めかけ》の子をモノにしたり、得意先の県会議員の妻を寝取ってしまったりと、その半生における赤裸々な性遍歴を生々しく語ったものを、宮本常一が聞き書きしてまとめたというものです。

民俗学では、「土佐源氏」の元馬喰の老人のような、名もなき民衆こそが社会を作り、歴史を作ってきたのだという考え方に立ちます。ですから、歴史学が対象とする文字で書かれた史料には残らない、口伝え、口承や伝承で伝えられてきたものを重視します。宮本常一は、財界人・実業家で日本銀行総裁や大蔵大臣も歴任した渋沢敬三（今度、新一万円札の図柄にも採用されたことで知られる「日本資本主義の父」渋沢栄一の孫）の支援を受けて、日本全国を訪ねて歩き、戦前から戦後にかけて、多くの民俗資料を収集したことで知られます。

その宮本常一の「土佐源氏」について、戦後の日本史学のなかでも、一般にも名前が知られたスター研究者であった網野善彦先生は、「〝ある馬喰の一生〟といってもよい話で、『忘れられた日本人』を最初読んだとき、『土佐源氏』に最も感銘をうけました」とも書いています。同作に傾倒した俳優の坂本長利さんは、これを一人芝居に翻案して全国で上演しており、それは「名作」と呼ばれています。

網野先生と並んで「四人組」と称されたうちの一人である、私の恩師の石井進先生もまた、こうした民俗学の知見を重視した日本史学者でした。歴史を動かすのは、上位数パーセントの貴族ではなく、人口の多くを占めた名もなき人々である、という信念が石井先生にはあったようです。源頼朝や平清盛、織田信長や徳川家康といった歴史上の英雄個人ではなく、民衆に注目すること。その民衆がどのように生きたかを明らかにできなければ歴史学ではないという考えのもと、歴史学・民俗学・考古学を総合的に用いいながら、中世という時代を解明していこうとした歴史学者だったと言えます。

日本民俗学の祖である柳田國男の弟子でもあった石井先生は、大学のゼミに在野の研究者や他分野の研究者を呼んでは、私たち学生の前で話をしてもらうという機会をよく用意してくれました。

そうした石井先生のもとで歴史を学んでいた私は、ある日、石井先生からの指示で、国文学者の益田勝実《ますだかつみ》先生の講義に出席することになりました。その講義で、読んでレポートを提出せよと言われたのが、宮本常一の「土佐源氏」だったのです。益田先生は『古事記』や『日本書紀』に収録されている歌謡（「記紀歌謡」）を研究し、まだ文字のない時代の歌について、「抒情以前の抒情」があると論じたことで注目され、民俗学に関する論考も多く著した学者です。

その講義でも民俗学の話が中心となりましたが、課題として出された「土佐源氏」を読んでみると、その赤裸々な性遍歴の語りに、学生だった私は心底まいってしまったのです。

私個人としては、性愛というものは世阿弥の「秘すれば花なり」で、恋愛ももっとスタイリッシュなものだと考えていました。「土佐源氏」で語られるような、どぎつい性愛のありようは、どうしても受けつけなかったのです。

そもそも、学生だった私は「土佐源氏」と聞いて、「土佐の源氏の話だ」と甘く考えていたのです。

平治の乱で平清盛に源義朝が敗れた後、源頼朝は関東の伊豆へ流されたというのは有名ですが、その同母弟である源希義《まれよし》は土佐に流されています。のちに頼朝が関東で兵を挙げた際、希義もこれに呼応して兵を挙げようかと逡巡《しゅんじゅん》している矢先に、平家の手のものに追討されてしまいました。同母弟である希義の死を悼んで、頼朝は後年にその墓所に寺を建立し菩提を弔ったとされており、「土佐源氏」と聞いて、てっきり私はこの源希義に関連した話だろうかと思っていたのです。

ところが蓋を開けてみれば、牛馬を商う馬喰をやっていた老人が(「土佐源氏」のなかでは「乞食」とされていますが、実際にはそうでなかったことが確認されています)、いかに自分がモテたかを語り、その性遍歴を語るという内容です。「土佐源氏」の「源氏」というのは、さまざまな女性と恋愛関係を結んだモテ男、紫式部『源氏物語』の主人公・光源氏の「源氏」だったというわけです。

そんな赤裸々な猥談《わいだん》を読まされるかたちとなり、つい提出したレポートは、なんでこんなものを読ませるのかという抗議の意味の強いものになってしまいました。

もうひとつ、宮本常一の本を読んでいると必ず出てくるのは、酒の席の話です。宮本常一は民俗資料収集のためのフィールドワークに地方へ出かけていく際は、酒を持参してそれを片手に、住民の家に上がり込み、一緒に酒を飲むと、すっかりそれで打ち解けて、いろんな話を聞くことができるとも書いています。

もちろん宮本常一本人の人柄もあるでしょうけれども、それもまたどうも学生の私は受けつけなかったのです。私自身は下戸で、酒の席でも飲みません。けれども、そういう酒の席で本当に大切な話が出てくるという風潮は、当時も確かにありました。現在、ビジネスパーソンの現場では無理に酒席に誘うことは、ある種のハラスメントと見なされることから、飲み会をあまりやらないと聞いたことがありますが、私自身も酒の席に付き合わないと評価されないというのは、どうもいただけないと思います。

性に大らかな日本の民俗

話が横道に逸れてしまいました。恋愛／性愛の話題に戻すと、「土佐源氏」をはじめとして、民俗学が書き記した性風俗というものは、中央の都市圏よりも、田舎や地方のほうがもっと大らかなものであるということが、ほとんど定型化して考えられているわけです。つまり、地方ではそうした性的なことがごく日常的に行われていたということになります。

江戸時代に入ると、武士階級を中心に儒教・儒学に基づく規範が強くなってきます。「男女七歳にして席を同じうせず」という教えにも見られるように、堅苦しい教えと言えばそうなのですが、そういった規範や教え、制限などを取っ払ってしまえば、民俗学が報告するような奔放《ほんぽう》な性のありようが見えてくる。「土佐源氏」をはじめ、そうした民俗学の報告を読むと、あたかもそれが人間の本質かのように言われているように感じられます。

あるいは、村々では神事、お祭りがあった際には、その夜は村の男女が乱交をするというような風習があったというのは有名な話です。また、多くの地域社会では、村の子どもには何かしらの試練を与え、無事にその試練に耐え、達成することができれば、一人前の若者として共同体への参加を許される、というような通過儀礼があったことが報告されています。江戸時代においては、その結果として「若者小屋」への出入りを許されるのですが、それが「大人として認められた証し」のひとつだったのです。

それでは、このような若者小屋で何が行われていたのかというと、簡単に言えば、乱交のようなものだったとされています。その代わりに、結婚した男女は、若者小屋への出入りは禁止されます。つまり、若者小屋の風習とは、当時の地方における男女の恋愛のあり方だったと言えるでしょう。

ちなみにですが、「土佐源氏」の元馬喰は、こうした若者たちへの仲間入りをすることができず、漂泊民（遍歴民）として暮らしていました。村の人間のように定住して暮らしたのではなく、村から村へと移動しながら暮らした漂泊民（遍歴民）としての暮らしに、宮本常一も網野先生も注目していたのだろうと思います。

恋愛の日本史をひもとく

言語学の分野では、中心で生まれた新しい言葉の語形が、より周辺へと伝わる過程で、古い語形ほど地方に、新しい語形ほど中央に分布するというのが、ひとつの常識となっているそうです。柳田國男も、「蝸牛（カタツムリ）」を表す方言を、京都を中心として同心円状に同じ言い回しが広がっており、中心である京都よりも周辺である地方の村々のほうに、より古い言い回しが残ると説明しました。

単純に当てはめることはできませんが、民俗文化もまた、かつての古いかたちが地方には残っているのではないかというのも、民俗学の考え方のひとつではありました。

丸谷才一先生が日本文化の中心に「恋」を見出したように、『万葉集』に収められている和歌の数々は、恋を詠んだものが中心です。また、紫式部の『源氏物語』が描く、平安時代の貴族文化は、まさに大らかな恋愛のあり方が中心となっていると言えるでしょう。

しかし、やがてそうした恋愛や性愛について、眉をひそめ、四角四面で怒るようになったのは、先にも述べたように、儒教の影響の強い江戸時代の武家社会、またその影響を受けた明治時代以降のことだったと考えられます。

近代化の過程で、大正時代には平塚らいてうなどの女流文学者ら「新しい女」が登場するなど、多少の開放的な雰囲気がありつつも、昭和に入り、軍国主義化が進んでくるとまた、恋愛や性愛をオープンにするような発想はなくなっていきます。そうした風俗のあり方が徐々に開放的になってくるのは、やはり戦後になってからのことです。

儒教の規範が強い武家社会では、男と女を徹底的に分離し、男尊女卑の価値観を徹底していきますが、とはいえ、武士たちがそういうことに全く関心がなかったかというと、そうではありません。たとえば、尾張藩の尾張徳川家家臣・朝日文左衛門重章が記した『鸚鵡籠中記《おうむろうちゅうき》』には、四代目藩主・徳川吉通《よしみち》の母である本寿院が、多くの男性と性的な関係を結び、「貪淫絶倫」であったと記されています。やはり人間、考えることは同じということでしょうか。

「日本は奥ゆかしい文化」だとしばしば言われますが、こうした歴史の流れを考えてみると、長らく日本は、男女の恋愛や性愛に対して大らかなお国柄で、むしろ非常に開放的だったと言えるのではないでしょうか。

近年、性のテーマはテレビやラジオ、ネットといったさまざまな言論の空間で、まじめに討論されるものになりました。そういう意味では、ようやく恋愛や性愛についてよりオープンに考えることができる時代に差し掛かってきているとも言えるかもしれません。

また、2024年のNHK大河ドラマ『光る君へ』は『源氏物語』の作者・紫式部を主人公とする物語となると発表されています。世界に誇る日本文学の傑作である『源氏物語』には、まさに赤裸々な恋愛・性愛のありようが物語られていますが、本書ではこれを機に、日本における恋愛文化・性愛文化がどんなものだったのか、古代から江戸時代までの男女の恋愛・性愛のありようを見ながら、考えてみたいと思います。

目次

第四章

戦国武将の性愛……167

第一章

日本は本当に性に大らかなのか？

日本文化の中心は恋である

恋を詠む日本の和歌

「はじめに」でも述べたように、作家の丸谷才一先生は、日本文化／日本文学の中心には「恋」があると言いました。そう述べることで、丸谷先生は何を言いたかったかというと、日本文学の中心は「歌」、つまり「和歌」にある、ということだったのです。

『日本文学史早わかり』（講談社）で、「文学の中心部は形式別にすればいったい何だらうかと考へてみよう。それはもちろん詩である。戯曲でも批評でも小説でもない」と書いています。

詩、すなわち歌ですね。同書では独自の時代区分によって文学史を分け、さまざまな和歌集から歌を取り上げていますが、別の本（『恋と女の日本文学』）のなかでは、中国の文学と比較して、中国の文学には恋はないが、日本の文学は恋というものが中心となっていると書いています。

これは中国の漢詩を見ると、その作者は主に男性であり、友情や郷愁、酒の話なんかがテーマになりますが、恋を詠んだものは全く出てこないから、という理屈です。しかし、丸谷先生も書いている通り、中国には『遊仙窟』という、黄河上流の仙境にある邸宅で女主人の崔十娘《じゅうじょう》と主人公が情交する物語があります。同書は七〇四〜七〇七年に日本にもたらされ、色恋を中心とした王朝物語は、「『遊仙窟』から生れたやうなもの」とも丸谷先生は言います。

清代前期の短編小説集である『聊斎志異《りょうさいしい》』にも女性が登場してきますし、春画も制作されたりしていますが、やはり漢詩となると、恋愛や性愛は中心的な主題とはなり得ません。

つまり、恋といえば和歌であり、和歌の中心的なテーマとなっているのが、恋なのです。平安貴族のあいだでは、和歌を詠むというのは当たり前の教養であり、和歌を詠めない貴族は貴族ではないというくらいで、男女ともによく和歌を詠みました。好きな相手と和歌を贈り合うという文化が発展していきました。詳しくは次章でも見ていきたいと思いますが、平安時代の日本では、恋愛をたくさんしている人ほど、尊敬を集める風潮があったわけです。

和歌と武士

また、平安時代末期から鎌倉時代にかけて台頭してきた、軍事力や武力を司る存在である「武士」にも、そうした貴族の教養のあり方は受け入れられていきます。鎌倉時代の武士にとっても、和歌が詠める人というのは、一目置かれる存在でした。鎌倉武士の多くは、字の読み書きすらままならないものも多く、字を読み書きできるだけでもすごいのに、さらに和歌まで詠めるとなると、これは非常に秀でた人物と言えるわけです。

鎌倉幕府のなかで言えば、三代将軍の源実朝という天才が現れています。彼は、後鳥羽上皇の計らいで藤原定家に和歌の添削をしてもらうなど、非常に熱心な歌人

『國文学名家肖像集』より「源実朝」（国立国会図書館蔵）

でした。『金槐《きんかい》和歌集』という歌集も作っています。

つまり、本来は殺し合いをする「体育会系」の武士たちも、貴族たちの「文化系」な部分を共有してはいるわけです。

より時代が下った戦国時代にあって、畿内で力を振るった戦国大名・三好長慶に至っては、「歌連歌《うたれんが》ぬるき者ぞといふ人の梓弓矢を取りたるもなし」なんていう和歌を残しています。「歌・連歌なんて必要ないとか言う武士がいるけれども、そういう奴に限って弓矢の扱いが下手で、戦上手なんて見たことがない」と詠んでいるのですから、歌が詠めない武士は、武士ですらないわけです。

けれども、もう少し後になると、豊臣秀吉の子飼いの家臣で、生え抜きの武人である加藤清正なんかは、歌なんか詠んでもなんの価値もないというふうで、晩年になるまでほとんど和歌に接していないわけです。文武両道だった細川忠興の顔を思い出してそういうことを言ったかどうかは定かではありませんが、戦場で命のやりとりをする武士にとって、歌が詠めるか詠めないかなんて関係ないというのが、加藤清正という武将でした。つまり、三好長慶のように武士のリーダーになるような階層の人は、そもそも育ちがいいから和歌にも親しみがある。けれども、加藤清正のように下から叩き上げで出世してきた武士には和歌なんて教養は関係ないというわけです。

和歌を否定した天皇

この貴族と武士における和歌の評価について、もうひとつ面白いのは、江戸時代の天皇です。徳川将軍家が世の中を治めた江戸時代においては、天皇は基本的には存在感が薄いのですが、その幕府と対立し、朝廷の権威を回復しようとしたのが、後光明天皇でした。当時の朝廷は財政も厳しく、何をするにも幕府を頼っていたのです。

天皇が「なぜ我々がこんなひどい生活をしなければならないんだ」と考えたとき、その目に入ってきたのは、歌を詠んでばかりいる貴族たちの姿でした。

そのため天皇は、武士の政権である幕府に対して朝廷が後れをとっているのは、貴族が『源氏物語』ばかりを読んで、和歌を詠み、そうした文化的なことばかりにうつつを抜かしているからだ、と言い放ったのでした。和歌を否定する、という意味では、後光明天皇は加藤清正と同じ発想に立っていることになります。

この話にはおまけがあり、天皇の父である後水尾《ごみずのお》上皇がそうした後光明天皇の態度を見て、「そなたがそんなことを言うのは、自分が歌を詠めないからだろう」とたしなめました。すると、たちまち天皇は素晴らしい和歌を数首詠んだと伝わります。

後光明天皇は和歌に通じていて、文芸の才能の豊かな天皇でした。自分は和歌もできる、けれども、それだけにこだわっているから貴族はダメだ、と考えたのです。

歌を贈り合い、契りを交わす

歌というものがどのように評価されたのか、貴族と武士のそれぞれの場合を簡単に見てきましたが、いずれにせよ、その両者からも和歌を詠むという行為は、中心的な教養のひとつと見なされていたことがわかります。丸谷先生が述べたように、和歌＝恋の歌が日本人の教養の中核であるという感覚は歴史を通じて、ずっと続いてきたと言えるでしょう。

歌と恋に関していえば、ある特定の日時に男女が集まって、相互に求愛の歌を詠み合い、恋愛関係になるという風習が、中国南部から東南アジアにかけて広く行われていました。このような風習は古代日本でも行われていたとされ、「歌垣」と呼びます。『万葉集』にもこの風習の存在を窺い知ることができる歌があります。

たとえば、『万葉集』巻九には「鷲の住む　筑波の山の　裳羽服津《もはきつ》の　その津の上に　率ひて　未通女壮士《おとめおとこ》の行き集ひ　かがふ嬥歌《かがひ》に　人妻に　吾も交はらむ　あが妻に　他も言問へ　この山を　領《うしは》く神の　昔より　禁《いさ》めぬ行事《わざ》ぞ　今日のみは　め

ぐしもな見そ　言も咎むな」とあります。

これは東国の歌垣の様子を詠んだものと考えられていますが、「人妻に自分も交わろう。自分の妻にも言葉をかけよ」と言うのです。

言葉をかけるということは、まさに恋の歌を贈ることであり、求愛の行為にほかなりません。自分は人妻と交わり、自分の妻を他人に差し出す。しかもこれは、山の神が昔から禁じていないことだといいます。古代日本の歌垣では、このような奔放な性の営みが行われていたと考えられます。

古代日本における女性の地位は高かった⁉

卑弥呼という女王が日本列島のトップだった

『万葉集』の時代よりも前の時代において、果たして男女はどんな関係にあったのか、ごく簡単に見ていきましょう。古代の研究者や考古学者たちの知見に接すると、それはいわゆるヤマト王権というものが形成される頃に、この列島にどんな動きがあったのかということと関連していることがわかります。

中国の歴史書『三国志』所収の「魏書」のなかに見られる「魏志倭人伝」は、邪馬台国から使者が来たことを伝えていますが、倭の国には卑弥呼という女王がいたとされます。日本側の史料では卑弥呼に関する記述は確認できないため、中国に残った史料からその実像を見るほかないのですが、それによれば、卑弥呼は「鬼道」と呼ばれる占いを行い、その結果は、彼女の弟しか聞くことができなかったとされています。身の回りの世話もすべて、弟が行っており、夫もいない老婆だったと記述されています。

私自身、古代史の専門家ではありませんので、詳細なことに立ち入って論じることは控えたいと思いますが、こうした記述を考えると、おそらく卑弥呼は「姫巫女《みこ》」だったのではないかと考えられます。姫巫女とは、神を祀る女性であり、「神の嫁」であるとされます。そのため、当然、未婚であることが求められます。いわば、神の言葉を人々に届けるシャーマン的な存在だったのでしょう。当時、政治的な実権を握ったのは、卑弥呼の弟であったと考えられ、卑弥呼自身はいわば宗教的・精神的な権威として君臨していたわけです。

沖縄の琉球王朝では、政治的な権力は男性の王にあり、呪女を束ねる聞得大君《きこえおおきみ》という役職には王の姉妹、つまり女性が就いています。このように女性が宗教的な面を司ったことに注目したのが、民俗学者の柳田國男でした。柳田は、その著書『妹の力』(角川書店)で、次のように語っています。

「祭祀祈祷の宗教上の行為は、もと肝要なる部分がことごとく婦人の管轄であった。巫《かんなぎ》はこの民族にあっては原則として女性であった。後代は家筋によりまた神の指定に随って、彼らの一小部分のみが神役に従事し、その他は皆凡庸をもって目せられたが、以前は家々の婦女は必ず神に仕え、ただその中の最もさかしき者が、最もすぐれた巫女であったものらしい」

宗教的な呪力を有する女性＝妹が、実際の政治権力を握る男性＝兄を慰め、守り立てるという図式が、古来、存在したと考えられるわけです。柳田はこれを「妹の力」と呼びました。この場合の兄‐妹とは、生物学的に限定されるようなキョウダイの範疇《はんちゅう》を超えて、母や姉妹、従姉妹といった同じ血族の女性たち、正室・側室などの婚姻を持った女性たちをも含み込むものです。

たとえば、田植えに従事する女性を「早乙女」、あるいは「植女《うえめ》」と呼びますが、稲の豊作は女性の霊的な力によってもたらされると考えられていました。出産する力を持つ女性だから、大切な生産行為は女性に頼むのがよいというわけです。

さて、この卑弥呼の邪馬台国が、のちのヤマト王権となったのではないかと言われています。その真偽は定かではありませんが、現在の奈良県桜井市の纒向《まきむく》遺跡にある箸墓《はしはか》古墳が、卑弥呼の墓だったのではないかという有力な説があり、少なくとも当時すでに畿内にそれだけの勢力があったと考えられているのです。もし、仮にこれが卑弥呼の邪馬台国であるならば、邪馬台国はその後のヤマト王権と連続性を持っていたのではないかと考えることができます。

「魏志倭人伝」は、倭国では男性の王が君臨していたが、長期にわたる騒乱が起こっていたと述べています。そこで、卑弥呼を女王として立てることで混乱が鎮められたというのです。それだけ、女性（卑弥呼）の力が強かったのではないかとも考えられるのではないでしょうか。女性がリーダーに立てば、なんとなくまとまってしまう。そんなところが古代日本にはあったのかもしれません。

平和的な古代日本におけるリーダーとは

もうひとつ、考古学的な知見から古代日本の特徴を考えてみましょう。研究者たちによれば、古代ヨーロッパや古代中国と比べて、古代日本ではそこまで惨《むご》たらしい傷を受けた骨が出土していないということが報告されています。首を斬られた痕跡があるとか、骨まで達するような矢傷の痕があるとか、激しい戦闘で亡くなったと思われる骨はほとんど出土していないそうです。

ヤマト王権は畿内を中心に次第に日本全国（といっても今日のような日本列島全域をカバーするような存在ではありません）に勢力を拡大し、統一王朝となったわけですが、どうやらその際にも武力で圧倒したというよりも、もっと宥和的というか、平和裡に統一を遂げたと考えられるのです。

たとえば、上から見下ろすと鍵穴のように見える、独特の形状の前方後円墳があります。この前方後円墳は、畿内や吉備、出雲、筑紫など各地域の古墳造りの特色が統合された結果、生み出されたものと考えられました。

つまり、前方後円墳の誕生は、異なる勢力がひとつになったことで生まれたものではなかったかということを示唆するわけです。その結果、瞬く間にこの前方後円墳の形式は、全国に広まっていったのですが、これもまた戦争によって他地域を屈服させたというよりも、割合に平和的に広まっていったと考えられています。つまり、ヤマト王権とは、この列島各地のさまざまな勢力が連合したことで生まれた、連合統一王朝だったのではないかと考えられます。

突出した武力勢力同士が、どちらか一方を圧倒したり、滅ぼしたりというような血生臭い闘争にはよらずに、連合した統一王朝を作ったことは、武力ではなく、精神的な支柱となるような存在があれば地域はまとまる、ということを示唆しているのかもしれません。卑弥呼に代表されるような女性が、リーダーとして君臨したという意味で、古代日本における女性の立場というものは、けっして低いものだったとは言えないでしょう。むしろ、女性を重んじる社会だったとも言えるのかもしれません。

女性の天皇の時代

女性が重んじられていたということに関連すると、もうひとつ、指摘できるのは、古代日本には、女性の天皇が少なくないということです。歴代天皇のなかで、女性の天皇は八人いますが、そのうち六人が古代に集中しています。

詳しくは後述したいと思いますが、なかでも天智天皇の娘で、夫の天武天皇の後を継いで即位した持統天皇は、この日本のかたちの基礎を作るほどの非常に重要な仕事を行っています。これに比べると、中国では女性の皇帝というのは、則天武后くらいで、基本的には存在しません。

現代では女性天皇の即位をめぐって皇位継承問題が論議されていますが、古代日本においては、女性が天皇になることも容認できた、少なくともそういう素地を持っていたのです。

そういう意味では、女性の地位が高いほど、男女は対等なかたちで恋愛が展開していくことになるとも言えるでしょう。

万葉集の時代の恋愛

『万葉集』最初の歌は天皇の求愛の歌

先にも述べたように、和歌とは恋愛を詠んだ歌が中心であり、日本最古の歌集である『万葉集』に収録された和歌の多くも、恋愛に関するものです。天皇もまた積極的に恋愛の歌を詠みました。

『万葉集』巻一は、『万葉集』のなかでも最も早くに成立した巻とされますが、巻一の冒頭に収録された雄略天皇の歌は、まさに天皇による求愛の歌でした。

籠もよ　み籠持ち　掘串もよ　み掘串持ち　この岳に　菜摘ます児　家聞かな
名告らさね　そらみつ　大和の国は　おしなべて　われこそ居れ

しきなべて　われこそ座せ　われこそは　告らめ　家をも名をも

雄略天皇

籠を持って菜を摘んでいる女性に、あなたの家はどこか、あなたの名前はどこかと尋ねている。日本の歴史を考えたときに、女性の「本当の名前」というものは基本的にはほとんど残っていないことが多いのです。史料に当たってみても、「うそ」とか「くすり」という変な名前に出くわすこともあります。しかし、そもそも名前は滅多に登場しません。私たちが現在使っている歴史上の女性の多くは、父親からの影響が強い名で呼ばれています。

たとえば、紫式部は父・藤原為時《ためとき》の官職が式部だったことに由来し、これに『源氏物語』のヒロインである紫の上の「紫」を付け足したものだとされています。優れた和歌を残した和泉式部も、夫が赴任した国が「和泉国」だったことと、やはり父親の官職である「式部」を合わせたものです。『更級日記』の作者・菅原孝標女《たかすえのむすめ》に至っては、その名は菅原孝標の娘であることを表すだけで、やはり本当の名前はわかっていません。

もっと時代が下った中世においても、鎌倉幕府の初代将軍・源頼朝の妻である「尼将軍」こと北条政子という名も、本当の名前ではありません。上洛して天皇や上皇の前に出る際に名前がないとまずいということで、父親の北条時政から一字をとって、政子としたのです。それならば時子でもよいはずですが、時子は平清盛の妻の名でした。時子にしても、彼女の父・平時信から一字をとったもので、本当の名前ではありません。時子では平清盛の妻の名前とかぶってしまうので、北条政子となったのです。ですから、頼朝は妻のことを「政子」とは呼んでいなかったと考えられます。

このように、女性が自分の本当の名前を教えるということは、やはり重大なことだったのだろうと思われます。名前を教えるということは、自分の最も大切な秘密を教えることですから、自然と名前を尋ねることが求愛のしるしであり、本当の名前を教えることが相手を恋愛対象として受け入れることだったのでしょう。ですから、この相手に誰何《すいか》する『万葉集』の最初の歌は、まさに求愛の歌なのです。

中大兄皇子・大海人皇子・額田王の三角関係

もうひとつ『万葉集』から、古代の天皇たちの恋愛を見てみると、よく知られたのは、中大兄皇子（のちの天智天皇）と大海人皇子（のちの天武天皇）の兄弟と額田《ぬかだ》王《おおきみ》との三角関係です。

のちの天皇である二人の皇子から愛された額田王は、兄弟の母である女帝・斉明天皇に和歌の才能を見出され、天皇の代わりに歌を詠む女官として取り立てられた人物とされています。もともとは弟の大海人皇子と結ばれ、娘も産んでいますが、のちに兄・天智天皇の妃となったとも、後宮に入り采女《うねめ》になったとも言われています。

『万葉集』には、天智天皇が蒲生野《がもうの》（現在の滋賀県八日市市付近）に遊猟した際に同行した額田王が詠んだ歌と、大海人皇子による返歌が収録されています。

あかねさす　紫野行き　標野《しめの》行き　野守は見ずや　君が袖振る

額田王

万葉の森・船岡山公園の蒲生野遊猟レリーフ（写真：田中秀明/アフロ）

紫草の　にほへる妹を　憎くあらば
人妻故に　我れ恋ひめやも
大海人皇子（天武天皇）

現在の夫である天智天皇がいる前で、「美しい芝草の花が咲いている野を行き、立ち入りの禁じられた野を行き、その野の番をしている者が見ているではないですか。あなたがしきりに私に向かって袖を振るのを」と額田王が詠めば、かつて良い仲であった大海人皇子が、「美しい芝草のように匂い立つあなたが憎いのならば、もう人妻であるのに、なぜ私がこんなにも恋い焦がれるだろうか」と返している。
どちらも、今は別れてしまったけれども、お互いにまだ恋い焦がれていると、現在の夫である天智天皇の前で、恋愛の歌をやりとりしているのです。天智天皇からすれば、これはある種の「寝取られ」、現代風に言うなら「ＮＴＲ」。なんとも上級者向けの恋愛模様です。なんとも恋愛の強者、玄人な感じがします。

中臣鎌足の恋歌

もうひとつ、『万葉集』には中大兄皇子と組んで乙巳の変という古代最大のクーデターを起こした中臣鎌足（藤原鎌足）の和歌も収録されています。

我れはもや　安見児《やすみこ》得たり　皆人の　得かてにすとふ　安見児得たり

藤原鎌足

「どうだ、私は安見児を手に入れたぞ、皆、望んでも決して手に入れることができなかった安見児を手に入れたぞ」と、思い人と結ばれたことを明け透けに詠んだ歌です。この安見児とは天智天皇の采女として宮中に仕えた女官で、宮中では評判だったようで、いわば今でいう人気アイドルや人気モデルのようなもの。この和歌で詠まれているように、安見児は藤原鎌足の妻となったとされます。

こうした身分の高い人々も、和歌のなかで、赤裸々に自分の恋心や性愛の表現をしていたわけです。

なぜ女性天皇は古代に集中しているのか？

「日本」の基礎を作った女帝・持統天皇

さて、先述したように古代日本には多くの女性天皇が即位したことでも知られます。そのなかでも、特に重要な仕事をしたのが、天智天皇の娘で、天武天皇の皇后でもあった持統天皇でした。

天智天皇が崩御すると、その嫡男の大友皇子と天智天皇の弟である大海人皇子（天武天皇）が、皇位継承をめぐって争うこととなります。これが古代日本最大の内乱である壬申の乱の始まりです。大海人皇子の妻である鸕野《うの》皇女（持統天皇）は、当然ながら夫・大海人皇女と行動を共にします。大友皇子は鸕野皇女にとっては、異母弟になります。その大友皇子が最後は自ら命を絶ったことで、壬申の乱は終息し、その結果、大海人皇子が天武天皇として即位したのです。鸕野皇女もまた、積極的に政治に参画したと伝わります。とりわけ、父・天智天皇が目指した律令の制定に力を注ぎました。

さまざまな改革を推し進めるなかで、六八六（朱鳥元）年に、天武天皇が崩御。鸕野皇女は、自らの姉で同じく天武天皇の妃であった大田皇女の子である大津皇子を捕らえると、自害に追い込みました。そして、自らの子である草壁皇子を皇位継承者に据えたのです。父・天智天皇を敬愛していた鸕野皇女は、父と自分の血統を残すことに執着していたのです。古代日本では当時、まだ長子相続は絶対ではありませんでした。王にふさわしい成人男子へと皇位が継承されることもあったのです。

壬申の乱も、長子相続が徹底されていれば起こり得ないことですが、結果的には兄・天智天皇の血統と、弟・天武天皇が争うというヨコの関係である兄弟同士の皇位継承問題へと発展していったのです。

鸕野皇女は父と自分の血統を残すことを望み、自らの子・草壁皇子を擁立しますが、急逝してしまいます。草壁皇子には、軽皇子という嫡男がいたのですが、鸕野皇女は彼を天皇に据えようと考え、十分な年齢に達するまで自分が政を執り仕切るべく、持統天皇として即位しました。つまり、持統天皇は、中国に倣って、親から子へと受け継がれる長子相続を古代日本に導入しようとしたのです。

持統天皇は父・天智天皇と夫・天武天皇が目指した律令国家の樹立に向けて、さまざまな施策を講じていきます。即位の前年である六八九（持統三）年には、日本で初めての「令」となる「飛鳥浄御原令」を施行し、即位年である六九〇（持統四）年には、飛鳥浄御原令に基づいた戸籍を完成させて、班田収授制の土台作りを行いました。六九四（持統八）年には、中国の都城を模範とした藤原京を完成させ、遷都までしています。

そして、六九七（文武元）年、とうとう軽皇子が即位して、文武天皇が誕生。とはいえ、まだ一五歳と幼い文武天皇を補佐するべく、持統天皇は太上天皇、すなわち上皇となって、実権を握り続けました。

「大宝律令」が施行される前年には、三二年ぶりとなる遣唐使の派遣を、持統天皇は行っています。その際、中国に対して初めて「日本」という国号を使用したのです。

こうして、天智・天武・持統の三代の天皇が目指した律令国家としての日本が成立したのです。

天智・天武・持統の頃には、全国に武蔵国や駿河国といったような行政区としての国が置かれ、律令が制定されて、「日本」という国号が生まれました。さらに、日本各地にあった神話の整理が行われ、天皇家に連なる中心の神には、天照大神という女性の神が据えられました。これは女帝のような存在であり、持統天皇をモデルとしたとも言われています。また持統天皇自身が、武をもって周辺諸国を制圧したという話は聞きませんし、その政治は専制的なものではなかったと思われます。

中継ぎとしての女性天皇

卑弥呼の場合もそうですが、日本における政《まつりごと》というのは、少なくとも古代においては、リーダーが女性のほうがまとまるということなのかもしれません。ユーラシア大陸を挟んだ西の島国であるイギリスも、エリザベス女王やサッチャーのような女性をトップに据えていたほうがうまく回っていたということとつながっているのかのかはわかりませんが、少なくとも、その後の大和朝廷においても、女性の天皇が次々と登場しています。

持統天皇の改革は、日本の基礎を作り上げるなど、非常に重要なものでしたが、とりわけ指摘しておきたいのは、繰り返しますが、長子相続というものを導入したことです。天智天皇から天武天皇への継承も、兄から弟への継承ですから長子相続とは言えません。さらにそれ以前の系図を辿ってみても、欽明天皇の後には、その子たちである敏達、用明、崇峻、推古と続いていきます。敏達朝からは、舒明、皇極(斉明)、孝徳と兄弟姉妹が次々に天皇へと即位しており、やはり長子相続は徹底されていませんでした。

先に述べたように、持統天皇は、長子相続の導入に当たって、天智天皇の孫にあたる軽皇子が即位できるまで、自らが天皇になることで、この血統をつなげたことになります。つまり、持統天皇は、中継ぎの天皇として即位したということになるでしょう。

こうして兄弟姉妹間の継承という「ヨコの継承」から、父子(親子)間の継承という「タテの継承」へと移行する時期に、女性天皇が誕生したとも言えます。軽皇子が文武天皇として即位したその治世では、先述したように大宝律令が制定されていますが、それによれば、相続の対象を男性に限る、長子の権利を重視するといった、タテの継承を重視する傾向がしばしば見られます。

持統天皇以降、女性天皇が集中的に現れるようになりますが、いずれも天智系の皇統を守るための中継ぎの役割を果たしていました。七〇七（慶雲四）年に文武天皇が二五歳の若さで崩御すると、即位が期待されていた首皇子、のちの聖武天皇はわずか七歳だったため、文武天皇の母である阿閇皇女が即位して元明天皇となったのです。これはかなりアクロバティックな皇位継承であり、前例のないものでした。

七一五（霊亀元）年には、元明天皇は娘の氷高内親王に皇位を譲ったため、史上初の未婚の女性天皇である元正天皇が誕生しました。元明天皇は「中継ぎ」、元正天皇は「中継ぎの中継ぎ」というわけです。このような苦心の努力によって、なんとか天智天皇の直系である首皇子へ皇位をつなげようとしたのでした。

つまり、この長子相続の「タテの継承」を継続・維持するために、古代においては女性天皇が登場したのだと言えます。そして、中継ぎとはいえ、女性が天皇になることを是としたのも、古代日本の特徴だったと言えるかもしれません。

道鏡事件という危機

中継ぎとして登場してきた女性天皇は、聖武天皇の娘で、未婚の女性天皇として即位した孝謙天皇（のちに称徳天皇として重祚《ちょうそ》）以降、江戸時代になるまで女性天皇は登場していません。なぜ、孝謙天皇（称徳天皇）を最後に、女性天皇が現れなくなったのでしょうか。結論的に言えば、このとき、女性が天皇に即位することの問題が顕在化したのだと推測できます。

古代日本における女性天皇はあくまでも中継ぎであり、女性の系統で天皇の位が継承されることはあり得ませんでした。つまり、女性天皇は、配偶者が皇族であるか、あるいは生涯独身であるかのいずれかのケースしか想定されていないわけです。女性天皇が天皇家以外の男性との間に子を産み、その子が天皇になるということは想定外の出来事なのです。つまり、天皇家は母系ではなく、あくまでも父系の系統で継承されていくものだったことは確かなのです。

この想定外の出来事が、孝謙天皇（称徳天皇）の代で起きてしまったのです。「中継ぎ」の元明天皇、「中継ぎの中継ぎ」の元正天皇という、二人の女性天皇が登場したことで即位した聖武天皇は、光明皇后との間に男子が育たず、直系の子は、娘の阿倍内親王だけでした。男子に恵まれないまま、聖武天皇は仏教に深く帰依し、突然に出家してしまいます。聖武天皇の出家を受けて、皇太子となっていた阿倍内親王が皇位を引き継ぐこととなりました。

阿倍内親王は内親王、つまり女性にして唯一の皇太子であることを考えると、中継ぎではなく、天皇になるべくしてなった唯一の女性ということになります。こうして、阿倍内親王は孝謙天皇として即位したのです。

孝謙天皇は政治に対する意欲の強い女性天皇でした。自らが天智・持統の唯一の直系であるという自負も強く、天武天皇の子である舎人親王の息子が皇太子となり、のちに淳仁天皇として即位してもなお、上皇として権勢を振るい続けたのです。

そこにきて起きたのが、かの有名な道鏡事件でした。病に臥せた孝謙上皇の側に仕え、彼女の快癒祈祷などを行った僧侶・道鏡を寵愛するようになったのです。孝謙上皇は、道鏡を太政大臣禅師に任ずるなど絶大な権力を与えました。道鏡もまた皇位簒奪を画策し、孝謙上皇を巧みに利用し始めました。孝謙上皇の側近で、実質、政務を執り仕切っていた藤原仲麻呂や淳仁天皇といった邪魔者を排除すると、孝謙上皇は、自ら皇位に返り咲いて、称徳天皇として重祚したのです。

ついには、称徳天皇は、自分の思い人である道鏡を天皇にしたいとまで主張するようになりました。道鏡が天皇になるということは、天皇家の血統とは全く関係のない人間が天皇になるということです。宇佐八幡宮の託宣が出たと称して、道鏡を天皇にしようとしたのですが、これには朝廷の貴族たちも強く反発しました。和気清麻呂らの強い抵抗などにあい、その間、称徳天皇は病によって亡くなり、道鏡の企みは阻止されることとなりました。こうして、天皇家以外の人間が皇位に就くという未曾有の事態は斥けられたのです。

一連の道鏡事件によって明らかになるのは、仮に天皇家の血を長子相続でつないでいく場合、女性天皇の存在というのは、時にこの連続性を破綻させかねないということでした。

この事件によって、朝廷の貴族たちの間に、女性天皇の問題性というものが強く意識させられることとなったのではないでしょうか。女性天皇への忌避感が生まれ、その結果、称徳天皇以降、八六〇年近くにわたって女性天皇は存在しなくなったのではないかと考えられます。よほど、道鏡事件というものに懲りたのかもしれません。

日本の家族のあり方の変遷

エマニュエル・トッドの家族類型論

ここでひとつ考えてみたいのは、それまで兄から弟、叔父から甥へというような兄弟姉妹による継承である「ヨコの継承」から、親子（父子）による継承である「タテの継承」への大きな転換についてです。「ヨコの継承」では先帝が亡くなると、皇位継承をめぐって実力のある貴族たちが激しい権力闘争を繰り広げることとなります。壬申の乱はその最たるものでしょう。これに対して、「タテの継承」は天皇が自分の子や孫に皇位を継がせることになります。長子相続では通常、後継者は既に決まっているわけですが、その皇子が幼い場合などはすぐに即位させることもできないため、代わりにその母や祖母が天皇を務めるということになります。しかし、その場合、先述した道鏡事件のような問題が生じてくることにもなります。

この「ヨコの継承」から「タテの継承」への変化というのを、より大きな人類史的枠組みから考えてみると、それは日本における家族形態のあり方の変遷とも深く関わっていると言えます。

この点を考える上で重要なヒントとなるのが、家族人類学者・歴史学者のエマニュエル・トッド氏が提唱した家族類型論です。地道な調査によって導き出された彼の壮大な仮説によれば、それまで最も近代的で進んだ家族システムだと考えられてきた、両親と子のユニットである「核家族」が、実は最も「原始的」な形態であり、大家族を形成する「共同体家族」こそ、最も新しく登場した形態であるというのです。

少し詳しく見ていくこととしましょう。

最も古い家族の形態である核家族では、子どもたちは結婚すればそれぞれ独立した世帯を作らなければならなくなります。そして、両親が亡くなると、その遺産はすべての子どもたちに平等に分配されるのが普通です。子どもたちの間には年功序列のような差別はありません。

核家族	子は結婚後、独立した世帯となる。 両親の死後、遺産はすべての子の間で平等に分配。
直系家族	子は成年に達すると、その内の一人が跡取りとして指名され、両親の家に留まる。 両親の遺産も、そのほとんどを跡取りとなった子が受け継ぐ。
共同体家族	すべての男子は結婚後も両親の世帯に残り、自分の妻をこの世帯に取り込む。 女子は両親の世帯を出て、夫の世帯に合流する。 父が亡くなると、遺産を兄弟で平等に分配し、それぞれの世帯に分かれる。

E・トッドによる家族形態の類型

その次に現れるのが、「直系家族」です。直系家族とは、子どもたちが成人すると、彼のうちの一人が後継として指名され、両親の家に残り、暮らします。そしてこの後継となった子どもが両親の遺産の多くを受け継ぐことになります。ほとんどの場合、この後継に選ばれるのは、男子の最年長者です。いわば長子相続が始まるわけです。親と子が一対一のタテの関係で家族を築いていくことになります。

そして、三番目の形態が「共同体家族」です。これは、家父長家族とも呼ばれますが、すべての男子は結婚したのちも親の世帯に残って、自分の妻をこの世帯に引き入れます。反対に女子は両親の世帯を出て夫の世帯に入らなければなりません。父が亡くなると、兄弟は平等に遺産を分配して、それぞれが独立していくというかたちになります。この共同体家族においては、父母のもとに全ての兄弟姉妹が配偶者を連れて同居するというかたちになります。大きな家族を営むため、それなりに裕福でなければ不可能です。

余談ですが、これらの家族類型の歴史的・地理的な分布を見ていくと、核家族は最も古い形態であるので、当然、最も古い文明の歴史を持っている地域に現れます。ヨーロッパではギリシャやローマ、東アジアでは中国が最初でした。

続く直系家族も、まず中国に現れ、ギリシャやローマにも見られるようになります。すると、これらの地域にかつてあった核家族というひとつ前の古い形態は、あたかも押し出されるように、その地域と密接な関わりを持っていた周辺地域へと伝播され定着します。

中国を中心とするならばその周辺の朝鮮半島、日本、ベトナム、ギリシャやローマであれば周辺のドイツ、フランス、イギリスなどに核家族という形態が広がるのです。中心に直系家族、周辺に核家族という異なる家族形態が中心と周辺で併存することになります。

その後に登場した共同体家族もまた、中国やギリシャ、ローマで最初に発達していきます。すると、それまで中心にあった直系家族が、核家族の場合と同じように、やはり朝鮮や日本、ベトナム、ドイツ、フランス、イギリスといった周辺地域へと押し出されるように広がっていくのです。そして、さらに核家族がまたその周辺の地域へと展開していきます。

私は以前、出版社の企画でトッド氏と対談する機会を得ましたが、その際にこの家族類型の分布に関しては、ローラン・サガールというフランスの言語学者のアドバイスがヒントになったとおっしゃっていました。それは「中心地で生まれた新しい語形が、周辺へと伝播していった結果、古い語形ほど外に、新しい語形ほど内に分布する」というものです。そこで、トッド氏は、共同体家族がユーラシア大陸の中心に存在し、核家族がその周辺にあるならば、核家族が最も古い形態で、共同体家族が最も新しい形態に違いないと考えたのです。

これは「はじめに」でも述べましたが、民俗学者・柳田國男の方言周圏論とも重なる考え方です。柳田は『蝸牛考』のなかで、蝸牛（カタツムリ）の呼び方を調べて、近畿地方では「デデムシ」、その周辺の中部・中国地方では「マイマイ」、関東や四国では「カタツムリ」、東北や九州では「ツブリ」、東北の北部や九州の西南部では「ナメクジ」というように、近畿を中心として同心円状に同じ方言が広がっていることを突き止めました。その結果、中央の方言が新しく、周辺に向かっていくほどに古い方言が現れると考えたのです。

つまり、天智・天武の頃のように兄弟姉妹で皇位の継承が行われている「ヨコの継承」は、長子を特別視する発想が薄いわけですから、トッド氏の家族類型で言えば、兄弟姉妹が平等の関係にある核家族的だと言えます。しかし、これが天智系の血統を長子相続に基づいてつなげていこうとした持統天皇や、その後に続々と現れた女性天皇たちの頃になると、父と子という「タテの継承」が行われるため、まさに直系家族的であると言えるでしょう。

つまり、東アジアの中心である中国で直系家族が誕生した頃には、日本では天智・

天武朝まで見られるような核家族が営まれていたということになります。

先に持統天皇は中国を模範にして長子相続を導入しようとしたと書きましたが、これが中国で共同体家族が誕生しつつある頃、周辺にある日本では直系家族が芽生えようとしていたという点で符合していると言えます。

招婿婚の登場

そこで気になるのが、高群逸枝先生による研究で有名な「招婿婚《しょうせいこん》」の存在です。次章で詳しく触れる『源氏物語』の時代とも大きく関わるところなのですが、平安時代の文学を読むと、しばしば女性のもとに男性が通う場面が描かれます。これが「妻問婚」や「招婿婚」と呼ばれるものです。

簡単に言えば、女性はずっと自分が生まれた両親の家で過ごし、そこに夫が通ってきます。二人の間に子どもが生まれると、その子は女性の家で育てられ、子どもは母方の家の財産を相続することになります。

高群逸枝先生は、『招婿婚の研究』や改稿も加えたそのダイジェスト版とも言える『日本婚姻史』のなかで、日本における婚姻のあり方の変遷を述べています。それによれば、より原始的な「群婚」ののちに、ヤマト王権の時代から鎌倉・南北朝時代までには「対偶婚」が、室町時代以降には「単婚」が、その後の近現代に至る過程では「寄合婚」が登場してきたとしています。このうち、対偶婚がここでいう招婿婚期であり、単婚は「嫁取婚期」とされます。

ここではこの婚姻形態の発展史には深入りはしませんが、対偶婚について、高群先生は「群婚的拘束からの個別婚の解放であった。それは一対の男女が自由に結合できる婚姻形態であり」、「祝福されたこの一対の男女のあいだには、特殊の愛着がふかまり、相互的な貞操観がめばえ」、「自然的一夫一婦制で、制度的一夫一婦婚ではない」と述べています（『高群逸枝全集　第6巻　日本婚姻史／恋愛論』理論社）。

さらにこの招婿婚は、ヤマト王権時代の「妻問婚」、飛鳥・奈良・平安初期の九世紀末までの「前婿取婚」、一〇世紀から一一世紀末までの「純婿取婚」、平安末期から鎌倉初期の「経営所婿取婚」、承久の乱から南北朝時代の始まりまでの「擬制婿取婚」と細かく分類されています。

トッド氏はその著書『家族システムの起源』（藤原書店）のなかで、「家族システムがまだ主要部分では双処居住的で、親族システムが双方的であったと考えられる日本社会のなかで、父系制は補償的母方居住反応を生み出した」と述べています。

つまり、子どもが父方か母方かのどちらに帰属するか、まだ決まっていない状態で、中心である中国から父方に帰属する父系制が流入してきた際に、その反動として女性と子どもの母方での居住が一般的になったのではないかと言うのです。

これはそのまま、高群先生が取り上げた女性と子どもがその生家（つまり母方）に帰属したまま婚礼を結ぶ招婿婚のかたちに重なります。おそらく、トッド氏は招婿婚を踏まえて、このような書き方をしているのです。

これはまさにトッド氏の類型論のなかで、核家族的な形態から直系家族的な家族に移行する中間、その移行の過渡期のなかで登場してくるのが、招婿婚であると言えるのではないかと思います。

招婿婚は、その後、藤原氏による摂関政治の基礎となるような形態であると言えます。藤原氏の娘が天皇の皇后となり、次代の天皇を生むことで、母方の藤原氏が外戚として権力を持つというのが摂関政治ですが、これは女性の力が非常に重要だったことを指しています。ある種、女性の役割が社会的に大きくなるのも、この招婿婚の特徴だと言えるでしょう。

もちろん具体的には、父や兄という母方の男性たちが実権を握るわけですが、招婿婚もそれを基礎とする藤原氏の摂関政治も、その家に女子が生まれなければ全く機能しなくなるのです。

藤原氏が皇后の実家として、次代の天皇（すなわち、この場合は藤原氏の子であり、孫にもなるのです）に影響を与える、というように権力者の外戚が政治的に大きな力を振るうということは、日本以外の地域でもしばしば見られることだと思います。

しかし、日本の場合、興味深いのはこの外戚が世襲されていったという点です。平安時代であれば、藤原氏が后を天皇家に送り込み、外戚という立場を独占することで摂関政治が最盛期を迎えます。この藤原摂関政治を指して、天皇家の男性と藤原家の女性による「万世一系」であると言われたりすることもあります。

中国では王朝の交代もあれば、同じ王朝内での外戚の交代もあります。皇帝が代替わりするたびに外戚も替わることもしばしばです。そのため、外戚を中心とする勢力間で激しい権力闘争が巻き起こるわけです。

ところが、日本の場合はこの外戚が固定化し、世襲化されていきます。権力の争奪が起こるというよりも、世襲による安定を図るというのが日本の権力構造の特徴と言えるかもしれません。

いずれにせよ、ヨコの継承からタテの継承へと移行していく際に、女性の役割が重視される招婿婚や摂関政治が出てきたということは、繰り返しになりますが、それだけ女性の価値が高かったということを意味するでしょう。いわばその延長線上に、平安時代の紫式部や清少納言のような女流文学の興隆もあったと言えます。

血よりも家の日本社会

後宮の不徹底さと家の連続性

父子のタテの系統を重視する直系家族の登場と、その前史となった招婿婚について前節では見てきましたが、もうひとつ日本社会の特徴として、「血」よりも「家」を重視するというものがあります。その証左として、後宮の不徹底さという点が挙げられるでしょう。

中国では王朝の交代があると先述しましたが、そこには「天」、あるいは「天帝」という概念が中心にあります。これはある種の一神教に近い考え方で、「天命が下る」と言いますが、世が乱れてくると、現王朝とは別の人物に、「そなたは私の子どもであるから、私に代わり現世を治めよ」と天命が下る。この天命を受けた人物は、天帝の子であるから、天子となるわけです。そしてこの天子が古い王朝を打破し、皇帝となって国を治めていく。これがいわゆる「易姓革命」というものであり、王朝の交代＝姓の交代が起こるわけです。

そのため、ひとつの王朝内では、その天子の血は、厳格に受け継がれていかなければならなくなります。その結果、皇后の候補となる女官たちが集められた後宮制度が作られるようになるのです。後宮は、皇帝以外の血は入れてはならないということで、皇帝以外の男子禁制が徹底されます。

ですから、力仕事などで男手が必要になる場合、この後宮に立ち入りが許されるのは、去勢手術が施された男性だけでした。いわゆる宦官のことです。これが中国の後宮制度でした。

日本側も当然ながら、遣隋使や遣唐使を通じてこの後宮制度を知っていたはずです。大宝律令には「後宮官員令」が定められており、これに基づいて後宮が作られたと考えられますが、日本にはそもそも宦官は存在しないように、中国ほどに男子禁制を徹底していないのです。

月岡芳年『芳年略図』より「業平朝臣負二条局落行図」

つまり、天照大神から脈々と血はつながっているという「物語」を作ったものの、実態で言えば、血の連続性を守ることを徹底されていない点が指摘できるのも事実だということになります。

これは古代日本において、恋愛というものが文化の中心にあったこと、そして女性の価値が高かったということと関係しているのかもしれません。次章で見ていく『源氏物語』のように、平安文学には招婿婚と目される男性が女性の元に夜な夜な通うというような事例がたくさんあります。在原業平と藤原高子の逢瀬のように、天皇家に嫁ぐ予定の女性が、他の男性と恋愛関係にあるということもしばしば起こりうるのです。

さらに言えば、皇后になる藤原氏の娘のもとには、その父親や兄弟たちが平気で通っているわけですから、仮に後宮があったとしても、セキュリティはガバガバ。そこで生まれた子は天皇の子ではない可能性は大いにあったということになってしまいます。

この点を考えると、日本では、物語としての「万世一系」、つまり血の連続性が言われたとしても、実態としては「血」の連続性を徹底するよりも、天皇家や藤原家といった「家」の連続性、すなわち世襲のほうが重視されていたと言えるでしょう。

第二章 源氏物語の時代

女流文学の誕生と自由恋愛

恋愛を謳歌する貴族社会

平安時代に入ると、『源氏物語』や『枕草子』をはじめとする女流文学が一挙に花開いていきますが、その背景として戦争というものがなくなり、武力の価値が低くなった時代であったことが挙げられるでしょう。そうした血生臭いことが忌避され、貴族が栄華を誇り、その分、文化というものの重要性が高まった結果、女性の活躍も目立つようになります。この時代、紫式部や清少納言、和泉式部、赤染衛門など、多くの女流文学者を輩出しました。

とはいえ、こうした高名な女流文学者たちは、一部の上層階級出身者に限られています。たとえば、紫式部の『源氏物語』を平安時代の当時に読むことができたのは、

『源氏物語絵巻』より「東屋(一)」(徳川美術館蔵／提供：アフロ)

紫式部自身が女房として仕えた中宮彰子、その夫である一条天皇、彰子の父である藤原道長といったごく限られた人々だったと言えます。

これは物語世界のなかにも反映されています。『源氏物語』の主人公である光源氏は、ご存じの通り、天皇と更衣の間に生まれた子です。天皇の配偶者たちの間には、身分に応じて序列があり、最も高いものが「中宮」です(「皇后」となることも)。次に高いのが「女御」で、摂政関白や大臣の娘などから選ばれ、この女御のなかから中宮が選ばれるということになります。その下にあるのが更衣で、大納言以下の娘から選出されます。

光源氏の母は、父が大納言、母が名家の出でしたが、後ろ盾となるはずの父を亡くしていました。

中宮や女御を差し置いて、天皇の寵愛を受けたことから、光源氏の母は、後宮でも妬みを買うことになってしまうのです。たとえ天皇の子であっても、当時、親王になることができるのは天皇直系の子で身分の高い母を持った者のみでした。藤原氏の摂関政治が最盛期となる頃には、母親が藤原氏の娘であることが大きなアドバンテージとなっていたと言えます。その意味では、やはり母方の実家が重要な存在になるわけですが、光源氏の母は更衣と相対的には低い身分で、さらに後ろ盾となる実家の父はもはやこの世にない。そのため、光源氏は臣籍降下され、皇族の外へと置かれることとなります。

とはいえ、光源氏は面白いことに、政所を持っていたのです。たとえば源頼朝は、鎌倉幕府を立ち上げるにあたって、幕府の政治を司る役所として、この政所を開いていますが、そもそも政所は上流貴族が自分の財産を維持するための機関を指していました。つまり、それだけ裕福な暮らしをしていた階層の人たちの話ということになるわけです。

もちろん、『源氏物語』の物語世界のなかでは、こうした政所の台所事情というものは描かれません。どんな経営をして、どうやってお金を儲けていたのかには一切触れない。やはり『源氏物語』の中心、あるいは当時の女流文学の中心は財政とか経営とかでなく、恋愛にあったのです。つまり、貴族たちが栄華を誇り、戦乱のない平和な時代だったからこそ、貴族の女性たちはそれだけ自由度が高かった、ことに恋愛における自由が認められていたという点が、女流文学が興隆した理由としては重きをなしているだろうと考えられます。

やはり、自由恋愛を保証してくれるのは十分な財力にあると言えるでしょう。いわばこの時代の貴族社会は、現代のアメリカ・ハリウッドのセレブ社会のようなもの。セレブたちは、「何回結婚して何回離婚するんだろう」というくらいに、派手で自由な恋愛を謳歌しています。慰謝料なんかを取られたとしても懲りずにまた恋愛をして結婚をする。そしてまた別れて、別の恋を見つける。

貧乏では自由な恋愛というものはなかなか花開かない。一時期、デート代は男性が持つのか、それとも女性と割り勘か、という論争がネット上で巻き起こりましたが、やはり「デート代は割り勘ね」という男性はモテない、というところでしょうか。

平安時代にこうした恋愛を中心とする女流文学が発達してきたのは、それを許す豊かな貴族社会の栄華が、背景としてあったことを意味しています。

摂関政治と女流文学

もうひとつ、女流文学が花開いた背景を考えると、やはり摂関政治というものが重要だったのだろうと考えることができます。政治形態としての摂関政治というものは、平安時代の一時期には確かに機能していたのですが、政治システムとしては突き詰められていない、不完全で偶発的なものでした。

摂関政治の最盛期と言えば、「この世をばわが世とぞ思ふ望月の欠けたることもなしと思へば」と詠み、この世の栄華を極めた藤原道長と、宇治の平等院鳳凰堂を完成させたその息子・藤原頼通の父子二代の頃だと言えます。ところが、頼通が亡くなったのちには、急速に摂関政治は衰退していくのです。

普通であればひとつの政治形態が変化していく過程というのは、曲線で表せば上り坂を経験したのち、緩やかに下がっていく。けれども、頼通の晩年にはすでに摂関政治を乗り越えようとする院政が登場してきています。後三条天皇による延久の善政によって荘園整理令を出したことで、摂関家領が没収されるなど、摂関家は大きな痛手を被りました。

その後に即位した白河天皇が白河上皇となって院政を敷き、政治を執り仕切るようになります。こうして道長・頼通という一番の頂きにまで達した摂関政治は、あっという間に白河上皇による院政に取って代わられたのです。

言い換えれば、摂関政治とは、一族に娘が生まれ、たまたま適齢で天皇家に嫁ぐという偶発的な出来事に乗っかった、極めて不安定な政治システムだったと言えるでしょう。要するに天皇の妃にするのにふさわしい年頃の娘が、自分の家に生まれなければ成立しない。

しかも、こうした摂関家をめぐる当時の政治闘争というのは、藤原道長と藤原伊周が政治的な権力を争った場合、どちらの娘が天皇家に嫁ぐのかで、その優劣が決まるのです。藤原道長の娘・彰子か、藤原伊周の妹・定子かということになると、政治主導の男性社会であれば、道長か伊周か、どちらがよい政策を作るかとか、どちらが才能ある人を掌握するかなど、築き上げる権力の威光によって決定すると考えるのが普通でしょう。

つまり、道長のほうの権力が強いから、一条天皇は彰子と一緒にいる時間が長くならざるを得ず、結果的に寵愛せざるを得なかったと考える。けれども、そうではなくて、ここに招婿婚の形式が関わってくるわけですが、やはり一条天皇が彰子のところに足繁く通ってきたから、道長は伊周を凌駕することができたという話になるわけです。

そうなると、やはり摂関政治においては、女性が持っていた影響力のほうが非常に強かったということになります。当然、美貌など容姿的な問題もあったでしょうけれども、当時は和歌を贈り合ったり、手紙をしたためたりと、コミュニケーション能力がよりものを言ったわけです。ですから、摂関家の娘たちは教養を身につけ、コミュニケーション能力を磨くことが求められる。つまり、天皇を惹きつける力を養うわけです。そうすれば、自分の父親や兄が政治権力を握ることができる。そこに、平安時代の女性たちの政治的な闘いが展開していくわけです。

そうなると、道長にしても伊周にしても、自分の娘や妹の周囲に心利いた女性を配置しようということになります。つまり、自分の娘や妹の評判をより高めてくれるような女性を、女房かつ家庭教師役としてあてがうということになるわけです。そうして紫式部や和泉式部は彰子の女房となり、清少納言は定子の女房として、それぞれの株を上げるのに尽力したというわけです。

もちろん、これは女性が男性のように直接的に政治の空間に位置を占めていたというわけではありません。その意味では、女性は政治の実権からは締め出されていたということは間違いないのですが、直接的な政治ではなく、天皇との恋愛関係によって、結局は政治の空間に非常に大きな影響力を持ったということになるのです。まさにこの時代の女流文学は、そうした女性の空間のなかから生まれ、花開くこととなったのです。つまり、恋愛というものが政治の一部であったわけです。

仮名の誕生と女流文学

もうひとつ違う視点から見ていくと、平安時代の初期は漢詩に代表されるような漢文学がもてはやされました。第一章でも述べたように漢詩の多くは男性によるものです。平安初期というのは、まだまだ「中国に追いつけ追い越せ」といった時代で、日本の国家的な地位を上げようという政治的な熱が社会的にも強かった。政治主導な世の中であり、文学と言えば漢詩であり、漢字で書かれた男性の世界でした。

ところが、平安時代も一〇〇年を経て、八九四（寛平六）年に遣唐使は廃止されてしまいます。「中国に追いつけ追い越せ」という時代が過ぎ去り、「日本は日本でのんびりとやっていこう」というような、平安時代中期へと入っていくのです。

そこでは、男性の政治的な世界の文学である漢詩・漢文というものはあまり見られなくなり、漢字ではなく、ひらがなやカタカナのような「仮名」で叙述される和歌が重視されるようになっていきます。

当時、仮名は女性がもっぱら使った文字です。言い換えるならば、この仮名の流行とともに、文学は女性優位に動き出していくことになりました。その結果、女流文学が花開いていくわけです。

そうした女性の観点から描かれた『源氏物語』を読むと、女性の空間では当然、直接的な政治というものは出てきません。それよりも自然と恋愛の話になり、光源氏も一流の貴族であるにもかかわらず、政務に携わっている描写がほとんど出てこないのです。あるいは先に述べたように政所を持つ光源氏の経済事情はどうなっていたのか、具体的な話は『源氏物語』からはあらかじめ除外されてしまうのです。

NHK大河ドラマ『光る君へ』では民衆は描かれるのか？

本章ではこの紫式部の『源氏物語』についてより詳しく見ていこうと思いますが、繰り返すように同書の物語世界は、平安時代の一流貴族というトップエリートの世界を描いたものです。先に平安時代は大きな戦乱のない平和な時代であったと述べましたが、それはあくまでも貴族にとっての平安に過ぎません。

こうしたトップエリートの貴族たちが栄華を極める反面、彼らが政治・経済的な責任を取らなかったことで、苦労をした一般の民衆は山ほどいたということを忘れるわけにはいきません。つまり、『源氏物語』だけで、平安時代のすべてを表現したことには、当然ながらならないのです。

2024年のNHK大河ドラマ『光る君へ』は、紫式部を主人公として描くわけですが、その際に都に住む一般の民衆たちを描くのか、それとも全く無視して貴族の世界だけを描くのか、という問題もあるでしょう。二〇〇七年に放映されたNHK大河ドラマ『風林火山』では、武田信玄に仕えた伝説的な人物である山本勘助を主人公に据えたものでしたが、武田領に住む農民たちの姿を描いている。戦場に戦闘要員として駆り出され、武田勢の一員として戦い、特にそれで出世をするわけでもない。そんな農民のリアリティーをうまく表現しています。

『光る君へ』では、庶民は平安京の町人になるわけですが、当時の貴族と町人では相当に距離が遠い。ほとんど接点がないわけですから、やはり女流文学が花開いた世界というのは、一般の庶民にとってはほとんど手が届くものではなかったという点は、まず押さえておくべきだと思います。その意味では、招婿婚的なものに支えられた平安時代の自由恋愛というのも、貴族社会という非常に限定的な世界の出来事だったと言えるでしょう。

日本文学の傑作『源氏物語』が描く赤裸々な恋愛

『源氏物語』は平安時代を代表する文学ではない!?

全五四帖、文字数で換算すれば一〇〇万字、原稿用紙ではおよそ二四〇〇枚にも及ぶ『源氏物語』は、ダンテよりも三〇〇年、シェイクスピアよりも六〇〇年、ゲーテよりも八〇〇年も前に描かれた長編ラブ・ロマンスとして、しばしば「世界に誇る日本文学の傑作」とか、「日本文学の最高峰」などと呼ばれることがあります。

しかし、果たして日本人のうち、どれだけの人が『源氏物語』を読んだことがあるでしょうか。読んだことがあるという人でも、与謝野晶子や谷崎潤一郎、円地文子、瀬戸内寂聴などによる現代語訳を読んだという場合が多く、原文を全て読んだという人は非常に少ないでしょう。

国文学の研究者の話を聞いていると、やはり『源氏物語』原文の良さは、日本語としての美しさだと言います。しかし、その素晴らしさをどれだけの人が味わうことができたのだろうと、実際問題、考えたりすることはあります。

先に述べたように、そもそも紫式部の時代においても、『源氏物語』を読むことができた人は、貴族社会のなかでもごく限られた人々だけです。これがより広く読まれるようになるには、室町時代の頃まで待たなければなりません。室町時代に入って、ようやく多くの貴族たちのなかで、教養として読まれるようになったのです。

しかも、『源氏物語』で描かれる物語世界もまた、宮中を中心とした貴族の世界の話です。そこには当時の人口で最も多いと考えられる人々、つまり一般の民衆たちは登場しません。また、字の読み書きのできない当時の民衆たちにとって、貴族たちが恋愛することが、自分たちとどんな関係があるか、知る由もないのです。

しばしば言われることですが、「作品」というものは、書き手や作り手だけで完結しているものではありません。芸能の世界では見巧者と呼ばれるような鑑賞者がいることで、初めて作品として成立するわけです。文学においても、読者がいて初めて作品として確立されると言ってもよいでしょう。

二〇世紀の哲学者ロラン・バルトは、絶対的な読みを強要する「作者の死」と多様な読みを可能にする「読者の誕生」という概念で、二〇世紀文学というものを論評しましたが、まさに読者がいて初めて作品として完成すると言えるわけです。その意味では、『源氏物語』は制作された当時においては、満足な読み手が存在しなかったわけですから、まだ作品としての評価を云々する段階にはなかったと言えます。

つまり、本当に『源氏物語』は平安時代そのものを代表するような作品だと言えるのだろうか、ということなのです。もっと限定的に言って「朝廷を代表する文学」ぐらいだったのではないでしょうか。

「『源氏物語』は日本文学を代表する作品であり、私たち日本人の財産である、世界に冠たる『源氏物語』だ」、というのは私も全く異論はありません。その通りだと思います。けれども、「平安時代を代表する文学だ」と言うわけにはいかない、ということなのです。

女性にとっての理想の男性像

私はとりあえず『源氏物語』を原文で読み通しましたが、結局それは大学受験のために読んだというちょっと動機としては不純で、その文章の良さをきちんと味わうことができたかというと、あまり人のことは言えません。

しかし、往々にして男性はあまり『源氏物語』を読まないのではないでしょうか。『源氏物語』の良き読者には、女性が多いように思います。実際に『源氏物語』関連の書籍の売り上げを、出版社の方に調べてもらうと、圧倒的に女性が多いそうです。そこにはジェンダー的な違いがあるように思います。

いわばスーパーモテ男である光源氏に、世の女性たちは惹かれているということになるわけですが、以前に同じ日本史研究者である妻に、光源氏のどういうところが女性にとって魅力的なのか聞いたことがあります。

さまざまな女性と浮名を流した光源氏は、評する人によっては母の面影のある女性・藤壺を追いかける「マザコン」であり、まだ一〇歳の少女である紫の上に惹かれる「ロリコン」であると言われる場合もあります。そんな男のどこがいいのだろうと、率直に妻に尋ねてみました。

すると彼女は、「常に光源氏は女性と一対一の関係を築く」からと言うんですね。嘘でもいいから「あなただけだ」というような、そういう場をちゃんと作っている。そして、一対一の関係の場をきちんと完結させるだけの経済力を持っている。

後述しますが、末摘花のような不粋な女性であっても、自分と関係したからにはちゃんと最後まで面倒を見ている。だからたとえマザコンでロリコンで、いろんな人と関係を持つような「クズ」であっても、女性にとっては魅力的なのだと教えてくれました。そう言われて、確かにと私も思いました。

招婿婚のように、男性が女性のもとに通ってくるかたちでの恋愛は、それだけ一対一の関係性を作りやすいわけですし、そうした空間を維持するにはどうしても財力は必要になります。先に述べたように、自由恋愛にはそれだけの財力がなければならないわけです。当然ながらそれは普通の男性には到底できない。その辺が結局はモテる理由なんだろうと思います。

一人の奥さんでアップアップしている私としては、誠にその理由は納得できます。とてもではないですが、私には絶対できません。

繰り返しになりますが、デート代を男性が奢るのか奢らないのかという論争が出てくること自体、光源氏のモテ術からは大きく遠ざかります。割り勘にするなんて、光源氏とはまさに対極にあると言ってもいい。女性としてはやはり奢ってもらいたい。奢ってくれるというのは、それだけ自分が相手から大事にされていると感じるのではないかと思います。

それが生活全般の面倒をみてくれるというわけですから、本当に私は大事にされているなと女性は思えるわけですね。男女平等の公の場ではともかく、一対一の関係で、他の女の子のことなんて知らないよ、君だけが大事だよという場で、割り勘を言い出されると、「蛙化現象」ではありませんが、たちまち恋心も冷めてしまうというのは、わからなくもない。

どんな女性に対しても一対一の関係を完結できる光源氏は、やはりモテるということでしょうか。

平安文学の評価の移り変わり

『源氏物語』の読者というものは、平安時代にはごく限定的だったものが、やがて室町時代になると広く貴族の教養として読まれるようになりました。

しかし、江戸時代に入ってくると、第一章で述べたように、後光明天皇のような、和歌を否定する天皇が出てくる。

あるいは武士のなかでも、八代将軍・徳川吉宗が重用した信州・上田藩主の松平忠周という人物がいます。忠周は教養の高い人物で、京都所司代に抜擢され、朝廷と幕府の調整役を務めていました。古典にも精通し、和歌も詠みました。そのため、京都の貴族からは非常に人気があった人物です。この頃には、京都のほうでも自分たちの固有の文化を見直そうという機運が高まってきており、それが江戸時代後期の国学の発展につながっていくわけですが、古典を読む勉強会がたびたび開かれるようになっていたのです。

そうした勉強会で、在原業平をモデルにしたと言われている『伊勢物語』を読む

「業平歌意図」(東京国立博物館蔵)

ことになり、参加者は口々に「本当に昔の平安貴族というものは素晴らしいですね」「とても風流で、教養に満ちている」「私たちも見習わなければ」と述べたそうです。しかし、参加していた松平忠周だけが、「皆さん、それは違います」と異を唱えたのです。

「この在原業平という男は時の皇后になろうという女性をかどわかして逃げた人間でございます。こういう人間を素晴らしいなどということを皆さんが大きい声で言うのであれば、私は職務として皆さんを逮捕しなくてはいけません」と忠周は言うのです。在原業平はご存じの通り、のちに清和天皇の皇后となる藤原高子が若い頃に恋愛関係となり、駆け落ちまがいの逃避行に及んだ、稀代のプレイボーイです。それに対する忠周の評価は、いかにも儒教的な規範を身につけた江戸時代の武士の回答です。それではとてもではないけれども、恋愛が中心となる平安文学、女流文学はやっていくことはできない。

このように、時代の変遷に応じて、こうした平安文学に対する評価もまた、変わっていったわけで、ひいては『源氏物語』の評価についても、時代によってさまざまであったろうと思われます。

『源氏物語』の世界

現代人にも響く光源氏の女性遍歴

さて、前置きが長くなりましたが、『源氏物語』の物語世界に分け入っていくことにしましょう。『源氏物語』とはよく知られているように、さまざまな恋愛や性愛のかたちが赤裸々に語られていく物語であり、主人公の光源氏の女性遍歴によって物語が進行していきます。

言ってしまえば、マザコンありロリコンありで、もっと言うと表現に気をつけなければなりませんが、いまでいう「ＮＴＲ」（寝取られ）から「Ｂ専」、「監禁もの」に至るまで、性愛のオンパレードといったところです。

現代でも、自分の子どもと思って育てていたが、実は妻が不倫をしてできた別の男性の子どもだった、というような「托卵」話をしばしば聞きますが、『源氏物語』にもそうした話は出てきます。

つまり、現代的な男女の問題、恋愛・性愛の問題が、一一世紀初頭に成立した『源氏物語』のなかにすべて入っているのです。しかも、こうした「托卵」話や不倫・浮気の類は、現代であればそれこそ目を三角にして怒るような話ですが、『源氏物語』はそれを大らかに受け入れてしまいます。この点が、平安貴族の性に対する自由さの表れだろうと思わせます。

以下では、『源氏物語』のなかから、光源氏の女性遍歴のエピソードをいくつか紹介したいと思います。まだ全編を読み通したことがない人も、『源氏物語』の雰囲気を本項でつかんでもらえればと思います。

藤壺——母の面影を探して

本書でこれまで述べてきたように、日本においては恋愛に重きを置いたことで、こと『源氏物語』が成立した時代である平安時代において、男女の恋愛というものは非常に大らかでした。

天皇の妃が集う後宮においても、表向きは男子禁制だったとしても、さまざまな例外や抜け道がありました。

『源氏物語』にしても、その物語の設定は、なかなかに問題のあるものです。主人公である光源氏は、先帝にあたる桐壺帝の息子で、朱雀帝と呼ばれる現在の天皇の弟君にあたります。しかし、光源氏の母は、中宮ではなく更衣という低い位で、早くに亡くなってしまい、光源氏は臣籍降下して、源姓を与えられ、皇族の外へと出ている状態です。

先代の天皇の子で、現在の天皇の弟ですから、天皇家の血としては濃いわけですが、皇族か一般人かと言えば、やはり光源氏は後者の一般人ということになります。

先代の天皇である桐壺帝は、光源氏の母・桐壺更衣を非常に寵愛し、その死を大変に悲しがりました。やがて、桐壺更衣の生き写しとも噂された、先帝の娘である藤壺が後宮へと入り、桐壺帝の妃となったのです。

しかし、桐壺更衣の面影を追ったのは何も桐壺帝ばかりではありません。母が恋しい光源氏もまた、母と瓜ふたつの藤壺に惹かれていき、とうとう男女の仲となったのでした。つまり、光源氏は義理の母である藤壺と不倫をしてしまうのです。義理の母子の密通は、更なる問題へと発展します。二人の間に男子が生まれ、将来的にはその子どもが、新しい天皇に即位してしまうのでした。

つまり、不倫をした結果、浮気相手の子どもを宿した妻が、夫には黙って、夫婦の子どもとして生み育てる、というようなまさに現代的な「托卵」話と通じていると言えます。

しかも、これは天皇家にまつわる話ですから、普通に考えればとんでもない話なのです。光源氏は天皇の血を引いているとはいえ、あくまで臣籍に下った一般人です。たとえるならば、源頼朝や平清盛（二人は清和天皇、桓武天皇の子孫です。念のため）が皇后と密通して作った子どもが、天皇に即位してしまうようなものなのです。

しかし、にもかかわらず当時の人々は、それを全く問題視していません。そればかりか、『源氏物語』とは面白く素晴らしい作品だと思って読んでいるわけです。

そうなると当然ながら、「天皇家の万世一系は本当なのか」と疑問を抱く人も出てくるのではないでしょうか。

ところが、『源氏物語』は、このようなとんでもない恋愛が、次々と出てくるのです。

紫の上――一〇歳の少女に惚れ込む

マザコンに不倫、さらに「托卵」話という藤壺との恋愛に続いて、紹介するのは紫の上（若紫）との恋愛です。紫の上は、藤壺の姪にあたります。『源氏物語』での登場時、紫の上は、わずか一〇歳の少女でした。彼女が生まれてすぐに母は亡くなり、父・兵部卿宮の正室である北の方から邪険に扱われたため、母方の祖母にあたる北山の尼君のもとに預けられます。

その後、一〇年ほど経って、北山に病気療養に来ていた光源氏が、義理の母で、恋仲となった藤壺とよく似た紫の上を垣間見るわけです。光源氏は、添い遂げることはできない恋の相手である藤壺とその容貌がよく似ている紫の上に、たちまちに惹かれてしまいます。そして、祖母の尼君が亡くなったのち、本来であれば父に引き取られるはずだった紫の上を強引に自邸へと引き取った光源氏は、周囲には彼女の素性を隠しながら、自分の理想の女性になるよう、育てるのです。それはまるで、ロリコンの上に監禁までしているようなもの。最終的には、適齢となった紫の上を妻にしているのですから、筋金入りです。しかも、光源氏が紫の上に惹かれているのはあくまでも、義母の藤壺に似ているから。さらに藤壺に惹かれたのは、亡き母と瓜ふたつであったから。ある意味、筋金入りなのはマザコン気質だったということでしょうか。

末摘花――どんな女性でも最後まで面倒を見る

ある種の倒錯したような性愛行動を見せる光源氏でしたが、一度、男女の契りを交わした女性に対しては、あくまでも紳士的に振る舞うのが彼のスーパーモテ男たるゆえん。それは、第六帖で登場する末摘花との恋愛においてもそうでした。

故常陸宮邸を訪ねた際に、零落した姫君である末摘花と出会い、関係を持ちます。ところが、彼女の容姿はお世辞にも良いとは言えないもの。彼女は「普賢菩薩の乗り物のように長く垂れた鼻」をして、鼻先が赤いため紅花の異名である末摘花と呼ばれています。普賢菩薩の乗り物とはすなわち象のことです。またその出立ちは、男性貴族用の黒貂の皮衣を着込んでおり、ファッションセンスがよいとは言えません。

光源氏は一夜を共にした後、その気持ちはたちまち冷めてしまったのですが、それでも末摘花の荒んだ暮らしぶりを憐れみ、衣類を贈るなど生活の面倒を見てあげるのです。女性とは必ず一対一の関係を作り、生活の面倒も全て見てあげる。まさに女性にとっては理想の男性像、といったところなのでしょうか。

現代で言えば、ルッキズム的な表現にあたるかもしれませんので注意が必要ですが、いわゆる「B専」的なエピソードとも言えるのかもしれません。さすがは百戦錬磨の光源氏です。きちんとこうした性愛も押さえている……。

女三の宮と柏木——元祖・平安の寝取られ

さて、さらに高度な恋愛と言えば、現代で言う「NTR」、つまり寝取られもの。自分の愛する女性が他の男性と関係しているところを見て興奮を覚えるという、およそ通常の性的規範からは出てこない高度な恋愛・性愛です。

恋愛のエキスパートである光源氏もまた、当然ながらこの倒錯した性愛を体験しています。頭中将の嫡男で、才能に溢れた貴公子である柏木は、光源氏の妻・女三の宮と恋に落ちてしまいます。それも叶わぬ恋で、代わりに女三の宮の姉である落葉の宮を妻に迎えるのですが、どうしても女三の宮を忘れることができません。その結果、正室である落葉の宮を、「落葉のようにつまらない人だ」と和歌に詠むほど遠ざけてしまうのです。これはこれで、ひどい夫なわけですが、どうしても三の宮への思いを止められない柏木はついに、女三の宮との逢瀬を重ねてしまうのでした。そして、密通の果てに、女三の宮は柏木の子を宿してしまうのです。

柏木は、女三の宮との密通を光源氏に知られてしまっては、もう生きてはいけないと思い悩み、ついには病に倒れてしまいます。一方、女三の宮は、不義の果てに男子（薫）を出産したものの、光源氏の冷たい態度に耐えかねて、出家してしまいました。それを知った柏木は、悲しみの果てに、光源氏に対して落葉の宮を頼むと遺言を残して亡くなるのでした。

源典侍――平安の老いらくの恋

数ある光源氏の女性遍歴で、私が最も衝撃的だったのは、源典侍です。作中では桐壺帝の典侍として第七帖の「紅葉賀」で初登場、五七歳と当時ではほとんど老齢と呼べるような女性です。第二〇帖の「朝顔」で再登場し、その時点では七〇歳前後だったとされます。

この典侍という役職についてまず説明すると、当時の宮中にはさまざまな役職の女性たちが女官として仕えていましたが、天皇に仕える女官は特に「内侍」と呼ばれます。

宮中の役職は、基本的には「長官」「次官」「判官」「主典」という四つのランクに分かれる四等官制となっています。たとえば、現代でいう県知事のポジションにあたる国司の場合でも、長官・次官・判官・主典があり、実質的には県知事は四人いることになります。つまり、どんな役職にもナンバー1からナンバー4までが存在したのです。

これが内侍の場合、元来ナンバー4である「主典」は置かない決まりとなっていました。長官である「尚侍」、次官である「典侍」、判官である「掌侍」というナンバー3までが置かれて、その下に二〇人ほどのヒラの内侍たちが控えるということになります。しかし、平安時代後期から長官の尚侍を置かないという慣例となり、次官にあたる典侍が、実質的なナンバー1となったのです。

天皇の最も近くにいて、お仕えをする女官のなかでも最上位にあるため、しばしば典侍は天皇と男女の仲になることがありました。天皇には正室である皇后や、中宮など待遇や呼び名の異なる妻たちもいましたが、こうした妃たちとは別に、天皇に仕える女官のなかにも、天皇と関係を結ぶ女性は多く存在したのです。その筆頭が、まさにこの典侍でした。

さて、『源氏物語』に登場する源典侍は、このように天皇のそばにお仕えし、時には天皇と男女の仲となり、その子を宿す可能性がある存在です。源という姓からもわかる通り、もともとは源氏の生まれの女性だったようで、まだ一七、一八歳の光源氏と恋仲になったのでした。先述したようにその当時の源典侍の年齢は、五七歳くらい。現代では「美魔女」と呼ばれるように、五〇代後半の女性はまだまだ美しい人が多いと思いますが、当時にあっては非常に年上の女性だったと言えます。また源典侍は大層な色好みで知られていました。

典侍は時に天皇と関係を持ち、その子を産むことにもなるわけですから、天皇の弟であるとはいえ、すでに臣籍降下している光源氏と源典侍が男女の仲になることは問題ではないのか、冷静に考えれば気になるところです。典侍が産んだ子が、次の天皇になるという話はいくらでもありますから、ここでまた疑問になるのは、天皇の万世一系をどうやって守るのかということになります。

さらに言えば、源典侍には修理大夫という夫のような存在もいたのです。修理職とは、主に内裏の修繕や造営を担当する役職のことで、そこまで高い地位ではありませんが、公然の秘密として源典侍の夫のような存在として登場してきます。

典侍は、天皇の子どもを産む可能性があり、かつその子が天皇になる可能性がある。にもかかわらず、源典侍は夫(のような存在)を持ち、光源氏とも男女の仲になってしまいます。

先に述べたように、中国のように天子の血を徹底して守る厳格な後宮制度であれば、絶対にあり得ないことです。しかし、『源氏物語』の物語世界のなかでは、その関係が咎められることはありません。光源氏の悪友でライバルのような存在である頭中将が、光源氏と源典侍が一緒にいるところに踏み込んできて、二人の関係を知ると「仲いいんだなあ」と茶々を入れる場面がありますが、これは決して、「お前、悪趣味だな」と言っているわけではないのです。単純に茶々を入れているだけです。

またこうした話を、当時の貴族たちは素晴らしい話として受け入れているわけですから、日本というのは実に恋愛や性愛に関して大らかだったと言わざるを得ません。これが厳格な後宮制度のある中国であったならば、決して許されることではなかったでしょう。

何はともあれ、アンチエイジングの進んだ現代では、いつまでも女性は若々しい。以前、水道橋のある店で食事を取っていたら、後ろの席で「ジャニーズの誰々に、私ときめいちゃったのよ」と話している声がするので、おもむろに振り返ってみると、明らかに老齢に入った女性でした。うーん。ときめいちゃったか。そういう意味では、ようやく現代が『源氏物語』に追いついてきた、と言えるのかもしれません。

紫式部とは何者か

漢文の素養を身につけた女性

ここまでは『源氏物語』の物語世界について語ってきましたが、ここでそもそも『源氏物語』の作者である紫式部とはどんな人物であったか、見ていきたいと思います。紫式部は、いまでいう県知事クラスの役職にあった藤原為時の娘です。それくらいの階級であり、これは和泉式部も清少納言も同じでした。為時は漢詩人でもあり、教養のある人物だったとされています。

当時の貴族が勉強しなければならない学問として、「紀伝道」「明法道」「明経道」「算道」という四つがあります。このうち、紀伝道は文章道とも呼ばれ、中国の歴史や古典を読んで学ぶことを指しています。また明法道は、朝廷が定めた律令を学ぶこ

「紫式部日記絵巻断簡」(東京国立博物館蔵)

とであり、明経道は、紀伝道と似ていて論語・孝経などの経書を読み、中国の哲学や文学などを学ぶことを意味しています。そして最後の算道は、計算や算数などの算法を学ぶことです。これらをまとめて四道と呼びます。

紫式部の父もこうした四道を学んだわけですが、紫式部もまた父に倣って、これら四道の本を読んでは、教養を深めていたと考えられます。ですから、彼女は中国的な漢文の世界にも非常に造詣が深かったとされます。

また、『源氏物語』のなかには、登場人物たちが詠む七九五首もの歌が収録されていますが、これを一挙に一人で作ったのが、紫式部でした。彼女がそれだけの教養に優れ、一流の歌人であったことは間違いありません。平安後期の歌人である藤原俊成が、「『源氏物語』を読まない歌人というのは、本当に残念だ」とも述べているほどです。

ただ、父の昇進が遅かったことから、紫式部の婚期は遅れたとされます。やっと嫁いだ夫・藤原宣孝は、二〇歳も年上で、すでに三人の妻を持っていました。しかも、結婚からわずか三年目に、宣孝は流行病で亡くなってしまいます。幼い娘を抱え、夫を亡くした悲しみを癒すために書いたのが、平安女性にとっての理想の男性像である光源氏を描いた『源氏物語』でした。

やがて、紫式部の近しい人たちの間で、同作は評判を呼び、宮中にも噂が広まっていったと考えられます。

紫式部と藤原道長は愛人関係だったのか!?

紫式部の『源氏物語』の噂は、当時、権勢を誇った左大臣の藤原道長の耳にも入ってきました。やがて道長は『源氏物語』の魅力に触れ、熱心な読者のひとりとなります。そして、紫式部の才能に惚れ込み、一条天皇の中宮となっていた娘の彰子の女房兼家庭教師として登用することにしたのです。紫式部は父の勧めもあり、出仕を決意します。

道長は、当時、貴重品であった紙や墨を紫式部に与えて、積極的に彼女の創作のサポートをしました。藤原道長という最大のパトロンを得たことで、『源氏物語』は今日、私たちが読むことができるかたちにまで、完成したのでした。

紫式部と藤原道長は、しばしば愛人関係にあったと言われることがあります。貴族の系譜を記録した『尊卑分脈』には、「紫式部」について「源氏物語作者」「道長妾」と記されており、これを理由に紫式部は道長の愛人だったと解釈する場合もあります。

また、道長と紫式部の和歌のやりとりが伝えられていますが、あたかも道長が紫式部を口説いているかのように受け取られることがあります。

すきものと名にし立てれば見る人の折らで過ぐるはあらじとぞ思ふ

藤原道長

人にまだ折られぬものを誰かこのすきものぞとは口ならしけむ

紫式部

「すき」は「酸き」であり、「好き」である。道長は、「酸っぱくて美味しいと評判の梅の枝を、折らずに通り過ぎる人がいないように」と詠むことで、「恋愛に精通していると評判の『源氏物語』の作者を前にして口説かないでいられようか」と言うわけです。これに対して、紫式部は、「まだ折られてすらいないのに、どうして酸っぱいとわかるのでしょう」と詠み、「まだ私は男性に味わわれてはいないのに、どうしてそんな評判が立つのでしょう」と道長のアプローチをかわしているというわけです。

こうしたやりとりから、道長と紫式部はパトロンの関係を超えて、男女の仲にあったのでは、と言われるのですが、実際のところ、定かではありません。

特に、藤原道長は、晩年は糖尿病に侵され、目がほとんど見えていないほどだったとされています。有名な「この世をばわが世とぞ思ふ望月の欠けたることもなしと思へば」という歌は、この世の栄華を誇る歌というだけでなく、糖尿病のために視力が低下し、「月が欠けているかどうか、私には全く見えないなあ」という嘆きもまじっていたのではないかとも言われています。

その証拠に、同時代の貴族である藤原実資が残した日記『小右記』のなかで、「往来で道長殿とすれ違ったけれども、挨拶もしてくれなかった。果たして、私のことがちゃんと見えていたのだろうか」というような記述があるのです。やはり、道長は重度の糖尿病によって、ほとんど目が見えなくなっていたのではないかと思われます。「この世をばわが世とぞ思ふ望月の」という歌を詠んだ次の年に、道長は重い病気に罹り、後は死を待つだけというような状態だったとされますから、おそらく紫式部と恋愛なんかをしているゆとりはなかったのではないでしょうか。

先に示した和歌のやりとりにしても、本気で口説いているというよりも、和歌を詠み合ううえでのある種の礼儀であり、お約束のようなもの。そう考えると、平安貴族はまるでラテン系。とりあえず「君、かわいいね」と口説くのが挨拶だったのかもしれません。

平安時代の恋愛と招婿婚

夜這いの基礎はコミュニケーション能力にあり

ここまで『源氏物語』の世界を紹介してきて、その恋愛の自由さと性愛の大らかさに、『源氏物語』をまだ読んだことがない人は、大変に驚いたのではないでしょうか。

これまで繰り返し述べてきたように、平和で豊かであった平安貴族の社会というごく限定的な空間だからこそ許された自由な恋愛は、核家族から直系家族へというように家族形態の変遷の過渡的な段階にあって、招婿婚という慣習を生み出しました。これが、「はじめに」で述べたような、民俗学者の宮本常一らが収集した、戦前戦後の夜這いの風習の原型となっていると言うこともできるかもしれません。

要するに女性がいるところに男性が通うというスタイルになるわけです。しかし、その基本は力ずくとか、そういうものではなく、あくまでも女性の側からの同意が必要になります。女性に受け入れてもらわなければ、招婿婚は成立しません。そのために求められるのは、第一にコミュニケーション能力でした。

どこそこに大変美しい女性がいるらしいという噂を聞きつけた男性は、その女性のもとを訪れ、口説きにいくわけですが、その際に女性に和歌を贈るわけです。その和歌が見事で女性の心をがっちりつかんだならば、女性の側も返事を出します。この返事が、「通ってきてくださって結構ですよ」というOKサインになるのです。夜に男性が女性の屋敷にやってきて、「今日は月が綺麗だから一緒にお話をしましょう」なんて言い合いながら、そこで初めて檜扇を取り、女性の顔を見ることができるわけです。

自分が聞いていた評判と、実際の女性の容姿が合致するかどうかは、その時になって初めてわかるということになります。現代でも、よくマッチングアプリで知り合った男女が、実際に会ってみると「あれ、こんなはずじゃなかった」とお互いになるそうですが、まさにそれは平安時代の昔からあったわけです。それはともかくとして、こうして一夜を共に明かし、男女の仲となる。事を終えて男性は帰っていくと、「後朝《きぬぎぬ》の文」を女性に贈ります。

これもまた現代の恋愛と同じなのですが、男女の仲になった後に、そのまま何もせずに帰ってしまうような男性は、女性からすればダメ男、クズ男になるわけですね。きちんとアフターケアをするのが、男性のエチケットなのです。

そのアフターケアが、平安時代の招婿婚で言えば、この後朝の文でした。明くる朝に、帰宅したのち、「昨日はどうもありがとうございました」というような意味で、文を贈るのが、平安時代の男女のマナーというわけです。ちなみに『源氏物語』のなかでは、末摘花と交わった光源氏は、実際に会った彼女の姿に幻滅して、この後朝の文を夕方に贈るありさまだったと記されています。よほど、自分が思い描いていた女性像と末摘花が違っていたのでしょう。

さて、このようなやりとりを繰り返したのち、女性の側がこの人はよいなと思うと、露顕《ところあらわ》しの儀を行い、女性側の親に男性を紹介して、「この男が、お前が選んだ男か」

「それじゃあ、君、通ってきなさい」ということで、結婚が認められるわけです。繰り返すように、招婿婚は男性が女性のもとへと通い、かつ女性の側が決定権を持つ付き合いです。そして、その基本には和歌を贈り合うというコミュニケーション能力がものを言う世界だったということになります。つまり、和歌の良し悪しが恋愛の成就か否かにつながっていたというわけです。

しかし、こうした女性の側、すなわち母方が大きな実権を握る招婿婚のかたちは、それを基礎にした摂関政治が終わり、父方の権力を中心とした院政が始まるとともに、なくなっていきます。

ただ、その後の荘園の伝領（相続）の仕方などを調べてみると、父から子へ、子から孫へという父方の系譜だけでなく、割合、母方の系譜で動いているところもあります。荘園の相続については、改めて次章で簡単に触れたいと思います。

平安時代のラブストーリー

「色好み」の和泉式部

本章ではこれまで紫式部の『源氏物語』を中心に、平安時代の恋愛や性愛について見てきました。それでは『源氏物語』の物語世界を離れて、平安時代の貴族たちの恋愛の実態はどんなものだったのでしょうか。本節ではいくつかの例から、平安貴族たちの内容の濃い恋愛のあり方を見ていきたいと思います。

恋愛が中心にあった平安時代の文化において、男女ともに恋愛をしている人ほど、尊敬される風潮がありました。たとえば、恋愛が盛んな男女を指して使われる言葉に、「色好み」というものがあります。

「色好み」というと、現代ではどうもネガティブな意味でとられがちですが、当時としては、「恋愛をしっかり楽しんでいる人」「気持ちに余裕がある大人」として、もっとポジティブな評価を受けていたのです。また、これまで繰り返し論じてきたように、招婿婚的な恋愛にあっては、男女は和歌のやりとりをすることで、相手のことを判断し、評価します。「色好み」な人は恋愛に長けている人であり、和歌が上手いということでもあるのです。つまり、それだけしっかりとした教養を積んでいることを意味します。その意味でも平安時代において「色好み」とは褒め言葉であると思って差し支えないでしょう。

この時代、「色好み」としてよく知られていたのが、紫式部と同じく、中宮彰子に仕えた女房である和泉式部という女性でした。

歌人としても非常に優れていた和泉式部は、中級貴族の和泉守・橘道貞という夫がありました。和泉式部という名前も、和泉守という夫の役職と、父の式部という役職から付けられた名です。道貞との間にはひとり娘にも恵まれましたが、彼女は都暮らしを選び、夫・道貞は単身赴任の状態になります。

都に戻った和泉式部を見初めたのが、冷泉天皇の第三皇子・為尊親王でした。為尊親王の求愛を受けて、単身赴任の夫がいるにもかかわらず、和泉式部は親王との恋にのめり込んでいったのです。色好みが尊敬される時代とはいえ、親王との恋という身分違いの恋は大変スキャンダラスなもので、和泉式部は父親から勘当を言い渡されてしまったのでした。

その後、為尊親王がわずか二五歳で亡くなってしまうと、今度は為尊親王の弟である敦道親王からも求愛を受け、やがて恋仲へとなっていったのです。もちろん、一連の求愛は、これまで本書で述べてきた通り、文と歌で行われました。

二人の親王兄弟から求愛され、その愛を受け入れるという、奔放な恋愛模様に、和泉式部は「浮かれ女」と呼ばれました。今の言葉に訳すならば、「ビッチ」ということになるでしょう。恋多き色好みは、非常に誇らしいことだったのですが、さすがに親王二人との身分違いのラブ・ロマンスには、貴族たちから反感を買ってしまったようでした。

やがて、敦道親王もまた兄を追うように亡くなってしまうと、失意の和泉式部に救いの手を差し伸べたのが、かねてより縁のあった藤原道長だったのです。こうして、彼の娘で一条天皇の中宮であった彰子のもとに出仕することとなったのでした。

在原業平と藤原高子のアバンチュール

続いて、平安貴族のなかでもプレイボーイで名を馳せた在原業平と藤原高子の強い絆について、見ていきましょう。

先述したように、藤原氏は摂関政治によって権勢を振るい、藤原道長・頼通の代でその栄華を極めます。

もともとは、第一章でも述べた通り、乙巳の変に始まる一連の大化の改新で、のちの天智天皇である中大兄皇子とともに功績を上げた中臣鎌足が始祖ということになります。その後、奈良時代には中臣鎌足こと藤原鎌足の子・藤原不比等が台頭し、さらにその子たちである藤原四兄弟を祖とする、南家・北家・式家・京家が並び立ちました。

平安時代に入ると、北家の勢力が増し、ひとつ頭が抜けた状態になります。藤原北家は、天皇家に娘を嫁がせ、外戚として権力を振るう摂関政治によって、さらに勢力を広げていきました。藤原北家にとって、まさに娘は宝だったというわけです。

仁明天皇からの信任も厚い藤原長良を父にもつ藤原高子もまた、生まれたその瞬間から天皇へと嫁ぐことを運命づけられた存在だったのです。

父・藤原長良を亡くすと、高子は兄の基経とともに叔父の藤原良房の養子となりました。そして、一七歳の高子は、その当時九歳の清和天皇の将来の后候補として入内することを求められていました。そんな高子に熱い視線を送っていたのが、和歌の名人で恋多き美男と言われた在原業平でした。彼は平城天皇の孫にあたるものの、当時、皇統は嵯峨天皇系に移っていたため、臣籍降下して、在原姓を名乗っていたのです。

高子を見初めた業平は、早速に彼女が暮らす五条の別邸に文を贈ります。こうして高子と業平は、逢瀬を重ね、男女の仲となったのでした。

しかし、高子はすでに清和天皇の后になることを宿命づけられた身です。清和天皇が元服したのち、八六六(貞観八)年に入内した高子は二条后として、のちに陽成天皇として即位する貞明親王を産むこととなります。

天皇の母となった高子は、その後、不遇をかこっていた在原業平を蔵人頭に昇進させ、陽成天皇の近くに置くなど重用したのでした。

第一章でも述べたように、ここには後宮の不徹底という特徴を指摘することができるでしょう。将来、天皇の子を産むかもしれない后候補が、別の男性と逢瀬を重ねられること自体が、中国のような徹底した後宮制度のもとではまずあり得ません。しかし、そこは恋愛に大らかな平安の日本。たとえ、別の男性と恋愛関係にあったとしても、天皇の后になることができたのです。

平安時代の男色事情

藤原北家の藤原忠実の子にあたる藤原頼長は、藤原摂関家の頂点を極めた藤原道長と頼通の父子の一字をそれぞれもらって名付けられたと言われています。そんな頼長は、異性とだけでなく、同性の恋愛においてもよく知られる人物です。

男色となると受け手と攻め手、いわゆる「ネコ」と「タチ」があるわけですが、この時代においては、それは身分によって分けられます。つまり、身分の高いほうが攻め手のタチで、身分の低いほうが受け手のネコを務めたとされています。つまり、頼長は大抵の場合、タチを務めることになります。

頼長が残した日記『台記』には自らの男色関係について、赤裸々な告白が記されていますが、木曾義仲の父で、源頼朝の叔父にあたる源義賢と関係を持った際には、いつもとは立場を入れ替えてやってみたとあります。そうしたら「これはなかなか乙なものだ」とも記しています。苛烈な性格から悪左府とも呼ばれた頼長ですが、そういうことに関しては、なかなかに学究肌だったと言えるでしょう。

少し話は逸れますが、時代劇の『水戸黄門』で有名な、江戸時代前期の水戸藩藩主・水戸光圀は、「政治というものは男女の営みのようにやらなければいけない。決して男同士がするようにはやってはいけないのだ」というような意味の言葉を残しています。これはどういうことかというと、為政者と民衆の関係を性愛の関係に例えて論じているのです。男女の交わりというのは、男性の側も気持ちいいし、女性の側も気持ちがいいのが普通であるからよいのであって、男性同士の場合、一方は気持ちいいけれども、一方は痛いだけだからダメなのだ、というのです。つまり、為政者と民衆の関係も同様で、為政者も民衆も両方気持ちいいのがよい政治であって、為政者だけがよくて、民衆ばかり痛い思いをする政治はダメだ、という意味なのです。頼長はタチでもネコでも具合はよかったようですが、果たして男同士で両方とも気持ちいいということにはならないのでしょうか。真偽の程は定かではありません。

院政期のスキャンダル

さて、白河上皇による院政が始まると招婿婚に基づく摂関政治というものが衰退していったことは、先に述べました。この方は「賀茂河の水、双六の賽、山法師、是ぞわが心にかなわぬもの」という『平家物語』の表現にもあるように、自分の思うままにならないのは、賀茂川（鴨川）の流れと双六の賽子と、比叡山延暦寺の僧たちだと述べるほどに、権勢を振るい、「治天の君」とも呼ばれた人物です。さまざまな話題に事欠かない白河上皇ですが、よく知られているのが、自らの孫である鳥羽天皇の皇后・待賢門院璋子とのスキャンダラスな関係です。

璋子は、権大納言・藤原公実の娘として生まれましたが、白河上皇の寵愛を受けた祇園女御の養女となっています。白河上皇はこの娘をいたく可愛がりました。そして、自分の孫である鳥羽天皇の后に据えようとします。鳥羽天皇自身もこの婚儀を大変に喜んだようで、それだけに璋子は評判の美女だったのだろうと考えられます。

待賢門院璋子について研究した角田文衞の『待賢門院璋子の生涯』(朝日新聞出版社)によれば、璋子は一一一七(永久五)年一二月一三日の入内の夜も、その翌日も、翌々日も、天皇に肌を許さなかったとあります。この角田文衞という研究者は、実に執念深く待賢門院璋子のことを調べ上げて、生理の周期まで特定しています。

白河上皇と待賢門院璋子は愛人の関係にあり、鳥羽天皇と璋子との間に生まれたのちの崇徳天皇は、実は白河上皇との間に生まれた子ではないかという疑惑がありました。角田文衞は、璋子の生理周期を調べ上げ、排卵日予測で知られるオギノ式理論を確立した荻野久作の研究を援用しながら、白河上皇と璋子が過ごした日を裏付けていき、いつ崇徳天皇を懐妊したのかを突き止めたのです。その研究の結果、九〇〇年の時を超えて、スキャンダルは真実、崇徳天皇は白河上皇の子であると実証されたということになります。

とはいえ、これは当時としてはかなり有名な話で、のちに鳥羽天皇もこの事実に気づき、自らの息子であったはずの崇徳天皇のことを「叔父子」と呼びました。自分の子でありながら、祖父・白河上皇の子であり、自分にとっては叔父にあたるからというわけです。

父親から叔父子と呼ばれた崇徳天皇はその後、鳥羽天皇の実子で、崇徳天皇の弟にあたる後白河天皇と争い、保元の乱へと至ってしまうのでした。その対立の背景には、自らの出生に関する確執があったのかもしれません。

ご落胤をありがたがる日本

白河上皇との関連で言えば、平清盛は白河上皇と当時の遊女である白拍子との間に生まれた子であるという話もあります。いわゆる「ご落胤伝説」です。私が時代考証を担当したNHK大河ドラマ『平清盛』は、清盛ご落胤説を採用しました。このようなご落胤説、いわば貴種流離譚の類は、しばしばよく言われることです。

興味深いのは「貴種」、すなわち高貴な家柄の血が重視される点です。これは一見、血を重視しているように思えますが、厳密に言えば高貴な「家柄」を重視していることになります。つまりここにも、血よりも家を重視する日本社会の発想があるわけです。

仮に、清盛が白河上皇のご落胤だとするならば、清盛の父・平忠盛にとっては、自分と血のつながりのない清盛が、平家の家督を継ぐということを容認することになるわけです。その意味で、血のつながりは重視されていないわけで、むしろ白河上皇のような高貴な人の血を受けた「貴種」が、我が平家を継いでくれるということになれば、それだけ家柄に箔が付き、陰に日向にいい待遇が受けられると考えるわけです。その分、平家は栄えるわけですから、忠盛としては自分の実子を差し置いてでも、清盛を後継としたのだろうと思われます。つまり、血よりも家なのです。

貴種を重視するという意味では、鎌倉時代の歴史書『吾妻鏡』には、好色で知られる源頼朝の次のようなエピソードが伝えられています。

源頼朝が、葛西清重という若い武士の家を訪れると、清重は、頼朝の世話をするために非常に綺麗な女性を用意していました。清重は、「近所に住んでいる女性に特別に来てもらいました」と言って、頼朝をもてなします。そして、頼朝はその綺麗な女性と一夜を共にすることになりました。

実は、この女性は清重の妻だったのです。清重は、自分の妻を頼朝の接待役として差し出し、一夜の妻にしてもらったのでした。しかし、もし仮にこのとき、自分の妻が頼朝との子を懐妊したとすればいったいどうなるでしょうか。

その際には、清重は自分の血を引く実子がいたとしても、この頼朝との間に生まれた子、すなわち「貴種」に家を継がせたことでしょう。たとえば、葛西家はのちに戦国大名となりますが、ある系図は他の史料には出てこない「朝清」という人物が、清重の後を継いだとしています。頼朝の「朝」の字と、清重の「清」の字をもらった名前をしていることから、朝清が頼朝の子だった可能性はあるでしょう。その真偽は定かではありませんが、とにかく「うちの家は、頼朝様の血を引いている」というのは、自らの家格を上げることにつながるのです。

頼朝のご落胤を謳う家は、葛西家だけではありません。島津家初代の島津忠久や、大友家の大友能直も、頼朝のご落胤であるとされています。島津家に至っては、江戸時代に入ってから頼朝の墓の整備すらしています。

高貴な血筋を誇りつつも、その家本来の血は続いていないことになるわけですから、やはり重視されたのは血の連続性ではなく、「家」そのものだったということになるでしょうか。

清重の妻は畠山重忠の妹です。仮に家督を継いだ朝清が頼朝の子だとすれば、その後の葛西家は、頼朝と畠山氏の血しか残らないわけです。DNA的な連続性は失われるわけですが、それは構わないのです。結局は、葛西家の嫁が生んだ子であるから、葛西家の子であるという理屈になっていく。このように考えると、父系のタテの関係で継承されていくはずの「家」において、重要なのは嫁、つまり子を生む「母」ということにもなるでしょう。ここにも、父系の直系家族が確立される以前の、過渡期的な日本の家族観が窺えるのではないでしょうか。

平安貴族の美意識と価値観

平安貴族の肉体美は太っていること

本章で見てきたように、平安貴族の恋愛観・性愛観というものは、今日、私たちが生きる現代とは違い、大らかなものだったことがよくわかります。恋愛を制することがある意味では政治的実権を握ることにつながっていたことから、女性は政治の表舞台にこそ出てきませんが、非常に大きな影響力を持っていたのです。

このように、その時代には特有の価値観というものがあり、歴史を通じてさまざまに変遷していったと考えられます。その意味では、男女の美意識の価値観というものも、平安貴族にとってのそれと、現代人にとってのそれとでは大きな隔たりがあると言えます。

よく知られているのは、何をもって美女とするのかの違いです。現代ではくっきり二重のぱっちりとした目と高い鼻が美女であることの指標のひとつとなるでしょうけれども、平安時代にあってはそういう女性はむしろ醜いほうに分類されました。切れ長の細い目でふっくらとした頬、あるかなきかのような小さな鼻に、いわゆるおちょぼ口と言われるような小さくてお淑やかな口。つまりお多福やおかめさんのような顔が、美女だと言われていたとされます。

また、現代は程よく筋肉の付いた痩せマッチョな男性がモテるとされるわけですが、当時の肉体に対する美意識はというと、むしろだらしなく太った肉体こそが美しいとされていたのです。

たとえば、『源氏物語』の第二二帖「玉鬘」では、九州に暮らすことになったお姫様の話が出てきます。本来であれば、京の都に暮らすべき人であったお姫様は、在庁の地元有力者から求婚を受けるわけです。この有力者は、その後、戦国時代に至るまで肥後国の有力者であり続けた菊池氏の人間だったと考えられます。その菊池氏の初代にあたるであろう人物が、京都から来たやんごとなき姫君に求愛したわけです。

紫式部がこの男性のことをどのように書いているかというと、「でっぷりと太っている」と記しているのです。しかもそれはネガティブな描写ではありません。でっぷりと太っていて、なかなかに見事で好ましい容姿をしていたと評価しているわけです。けれども、京都から離れた片田舎の肥後国の人間であることから、「立ち振る舞いがなんとも田舎くさくてたまらない」ので、姫はこの男を好きになることはなかった、そのため求愛も受け入れられなかったと、落ちがついています。

ともあれ、でっぷりと太っている男性ということは、平安貴族にとってはむしろ好ましいこと、美しいことだったのだと言えるでしょう。それは太っていることがある種の富の象徴となっていたからであり、ポジティブに捉えられていたと考えられます。

ですから、菊池氏の初代が、服を脱いで裸になった姿は、現代の私たちにとってはおよそ、美しいとは言えない、鑑賞に堪えないような姿をしていたけれども、それは平安時代にあってはマイナスではなかったということになります。

なぜこのような価値観が受け入れられていたのか、私は別の本で、これを日本の気候と家屋の構造の影響から考えてみたことがあります。

たとえば、日本の住宅は暑さと寒さの、どちらに対応していたかと考えたとき、湿気の強い日本では基本的には梅雨の湿気と夏の暑さに対応するように造られていたと考えられます。これが乾燥して冬の寒さの厳しい地域が多いヨーロッパとなると、寒さ対策をメインに設計した住居が基本で、きちんとした家には立派な暖炉が設置されているのがしばしばです。

ところが日本の場合、明治時代に造られた木造のお屋敷を調べると、外気温と室内温はほとんど変わらない設計になっています。明治期の木造家屋とはいえ、基本的には平安時代に造られたお屋敷と、構造的には大きくは変わりありません。ですから、平安貴族が暮らした寝殿造の建造物は、気密性が低く、冬は屋内でも相当に寒かったと考えられます。当然ながら裸のまま屋内で過ごすわけにはいかず、着物を重ねて着るようになります。身分の高いお姫様が幾重にも着物を重ねた「十二単」を着たのも、家のなかが寒いという日本ならではの住宅事情が、その背景にあったのかもしれないのです。

そうであるならば、女性のもとに通ってきた男性が、一夜を過ごすときに、互いの魅力を確かめ合おうとすると、真っ裸になっては寒くてかなわないという事態に直面することになります。裸であることよりも、服は着たままで、というのが前提になるわけです。このような事情から、日本では裸に対する意識が低かったと言えるかもしれません。

平安貴族のプレゼントは着物

もうひとつ、平安時代の男女に関して面白いと思うのは、求愛の際の贈り物、プレゼントです。男性が女性にモテるためにはどうすべきかということを考えると、当然、プレゼントのひとつでも持参しないならば、あいつはケチだということになるわけですが、かつての日本の女性というのは、あまりアクセサリーを付けませんでした。

古代でもヤマト朝廷の頃には、耳飾りや首飾りをしていたわけですが、平安時代になるとそれが一切なくなってしまいます。当時の貴族の様子を描いた絵巻物などを見てもらえればわかると思いますが、耳飾りや首飾り、腕輪などのアクセサリーをつけているイメージは全くないのではないでしょうか。結局、オシャレのポイントは先ほど述べた、幾重にも重ね着した十二単の色の組み合わせになるわけです。

これは男性にしても同じで、ヤマト朝廷の頃には身体にさまざまな装飾品を付けていたのですが、より時代が下るとそうした装飾性がなくなってきてしまいます。戦国時代に日本にやってきた西洋の宣教師たちは、日本の偉い人は装飾品を好まない、我が国の王様や貴族とは全く違う趣味であると書いていたりするほどでした。『源氏物語』のなかでは、恋多きモテ男・光源氏もさまざまな女性にプレゼントをしていますが、基本的には色目のよい着物や反物になります。逆に、不粋だとされた末摘花は、着物の色の取り合わせが悪いということが、彼女の低評価を決めてしまっているのです。

お香は体臭を紛らわすため？

さらに言うと、色彩と同時に重視されたのが、香りや匂いです。貴族文化を中心に、香木をたいて、その香気を楽しむ香道などが発達してきましたが、これには体の臭いを紛らわせる効能が期待されていたと考えられます。

貴族の女性であれば、長い黒髪が美女の象徴でしたから、基本的には生まれてから一度も髪は切りません。さらに月に一回しか頭は洗わないとされていました。その上に十二単のように服を何枚も重ね着しているわけですから、当然、体臭がキツくなる。そのため、お香は消臭効果を期待されていたのです。お香の基本として「甘」「酸」「辛」「苦」「鹹」の五味がしばしば言われますが、実際に嗅いでみると、現代の香水にあたるような華やかで甘い匂いというものはひとつもありません。いずれも、渋い、沈み込むような香りです。おそらく、消臭剤としての使い方が主だったのではないかと思われます。

こうした香や香木の類が贈呈品とされることもありました。歴史上の人物で言えば、時代が下りますが、徳川家康はお香が好きだったとされています。東南アジアから龍涎香などお香の原料を取り寄せたりもしています。現代では、香木の輸入は制限されていますから、非常に高級な品と言えるでしょう。

高貴な人の排泄物

最後にくだらない話かもしれませんが、男性がどうしても好きな相手を諦めなければいけないとき、その思いを断つためにどうするか、ちょっとした逸話が残されていますので、それを紹介したいと思います。

それは平安時代に成立した『平仲物語』という歌物語に出てくる話なのですが、主人公の平仲が非常に高貴な女性に恋い焦がれ、何度も通ってアタックするのですが、ことごとく相手にしてもらえない。もうダメだなと思った平仲が、この恋を諦めるためにどうしたかというと、その高貴な女性の大便を確認しようとしたのです。どんな美女であっても、当然、出すものは出すわけで、まさかそれまで高貴で美しいわけはないだろうというわけです。きっとそれは汚くて臭いわけですから、それを確認して、彼女への思いを断ち切ろうとしたのでした。

当時の高貴な人の排泄物というものは、重箱のような入れ物に入れて、家来がその箱を持って、所定の場所に捨てに行くという作法になっていました。そこで平仲は、家来が箱を持って行くところを待ち伏せして、その箱を強奪してしまいます。そして、なかを見ようと蓋を開けてみたら、大便の代わりにお香が入っていたのです。平仲の企みは、女性の側に筒抜けになっていたようで、お香と入れ替えていたという落ちです。

現代でも「アイドルはトイレに行かない」という美学（？）がありますが、裏を返せば、アイドルがトイレに行って生物として当然の行為をすることは、幻滅につながるからなわけで、その辺りの感覚は意外と、平安時代も現代も変わっていないのかもしれません。

貴族の世から武士の世へ

紫式部の『源氏物語』に代表されるような、自由な恋愛に生きた平安貴族の男女の、さまざまな恋模様はいかがでしたでしょうか。本章で見てきたように、招婿婚的な恋愛のあり方が一般的であった平安時代において、恋愛を主導したのはあくまでも女性のほうでした。そして、そうした恋をする「色好み」の男女は、尊敬の対象でこそあれ、咎められるものではありませんでした。

しばしば、日本は世界の男女格差を示すジェンダーギャップ指数においては、極めて低い地位にあり、世界的に見てもジェンダー後進国と言われます。二〇二二年七月発表の指数でも、日本は世界一四六カ国中一一六位、G7のなかでは最下位でした。男尊女卑社会と言われてしまう現代日本ですが、歴史的に見ると、女性が非常に大切にされていた時代があったというべきでしょう。

本章で見てきたように、日本社会においては、女性が影響力を持ち、非常に大切にされていた時代も存在したことがわかります。おそらく、そうした時代に変化が生まれたのは、武士が台頭してきた頃からだったのではないかと思われます。次章からは、武士が登場してくる中世以降の男女の関係のあり方について、見ていきたいと思います。

第三章 中世の男と女

中世の女性の地位は高かったのか?

女性が相続した財産は実家の意向次第

前章でも触れたように、鳥羽天皇の「叔父子」である崇徳上皇と、鳥羽天皇の実子である後白河天皇の兄弟の陣営が衝突した保元の乱が、一一五六(保元元)年に勃発。この乱は、平安時代を通じて起こらなかった武士を動員しての武力の争いとなり、平安時代初期に起きた薬子の変以来の死罪が復活したのでした。こうして平安時代末期から武士が台頭し、いよいよ中世へと入っていくのです。

貴族が栄華を誇り、目立った戦乱のない平穏な平安時代から、武士が台頭する鎌倉時代、室町時代へと入っていったとき、たとえば男女の関係において、女性の地位というものはどのように変わったのでしょうか。

『平家物語』や『源平盛衰記』のような軍記物のなかには、木曾義仲に付き従い、男勝りに戦った大力の女武者である巴御前のような女性が描かれていますが、基本的に戦争は力の強い男性の武士が担うものです。女性が武力に直接的に関わりを持つことはありません。しかし、だからといって、中世の武家社会において必ずしも女性の地位が低かったとも言えないのです。

ひとつには、土地の相続をする際、きちんと女性にもその相続権があったということが指摘できると思います。いわば女地頭のようなこともあり得たわけですが、ひとつの荘園を丸々与えることは無理だとしても、荘園のなかのひとつの村を与えたりするケースはしばしばあったのです。

当時の財産目録を見ると、結婚に際して、実家から娘へそれなりの財産、土地を与えている例が確認できます。女性が家に属して、自前の財産を持てなくなるのは、もっと時代が下ってからのことで、第五章でも取り上げるように、むしろ江戸時代以降になってから、女性の権利というものが縮小していくのです。

ただ、ここで問題になるのは、女性が嫁いだ後、実家から相続した財産や土地などはいったいどうなるのか、ということです。鎌倉時代以降になると、母方の系統による相続がなされた招婿婚の形式ではなくなり、女性は夫の家に入る「嫁取り婚」の形態を取るようになりました。その結果、女性は父親から譲り受けた荘園のなかの村を、持参金として夫の家に入れるかたちになるわけです。

やがて、嫁ぎ先の家で、女性が子どもを産み、その後、女性が亡くなったとします。すると、女性が実家から持参した土地はどうなるでしょうか。普通に考えれば、女性が産んだ子が相続することになり、嫁ぎ先の家のものになるわけですが、そうなると女性側の実家の財産が減ってしまうことになります。それを避けるために、しばしば当時の財産目録には、「一期《いちご》」と但し書きがされていることがありました。

一期とは一定の期間を意味するわけですが、つまり父から娘へと相続された土地は、その娘が生きている間は彼女のものですが、娘が亡くなったらそのまま嫁ぎ先のものになるのではなく、娘の実家へ戻すようにという取り決めのことを言うのです。ですから、女性は自分が保有する財産を、自分の子に相続することはできず、実家に返上しなければならなかった。逆に言えば、それだけ実家の力が強いことを

「巴御前出陣図」(東京国立博物館蔵)

意味しており、女性に対しては結婚をして他家へ嫁に行ったとしても、実家の父の支配権が及んでいることになるのです。

現代において夫婦別姓を議論する際、「歴史的に見ると、かつての日本では夫婦別姓であり、女性の地位は高かった」と言われることがあります。男女の別姓は事実ですが、それは先に見たように、実家の女性に対する権限が強かったことに由来します。結局、他家へ嫁いでも、実家の家父長権から抜け出せず、実父の姓を名乗らざるを得なかったのです。家父長権はそれだけ、強く女性を縛るということです。当時の夫婦別姓を考えるならば、結婚後も女性に一定の財産が認められていたことと同時に、実家の家父長権による縛りの強さも併せて論じる必要があるでしょう。

女性がつなぐ縁の重さ

他方で、鎌倉時代の御家人の間では、女性を介した家同士の結びつきは、大変に重視されていました。たとえば嫁の実家が、幕府に対して反乱を起こした場合には、たとえその家に勝ち目がなかったとしても、夫としてはこれに味方しなければならなかったのです。仮に、嫁の実家に味方しなかったならば、その人は「武士の風上にも置けない奴だ」ということになってしまいます。

たとえば、毛利季光という武士を例にとって見ていきましょう。季光は鎌倉幕府の政所別当を務めた大江広元の四男にあたり、幕府と朝廷が対立した承久の乱での功績が認められて、北条泰時によって幕府最高機関である関東評定衆に選出されるほどの優秀な御家人でした。

ところが、彼の妻は三浦氏の出身だったのです。当時、三浦氏は執権を務める北条氏に拮抗するほどの力を備えた、一大勢力となっていました。一二四七（宝治元）年、この北条氏と三浦氏が争った宝治合戦が勃発すると、毛利季光は当初は北条氏側について戦おうとしますが、途中で自分は三浦の妻を迎えたのだからと思い直し、三浦氏側に味方をして敗北し、自害したのでした。

あるいは、武蔵国の有力御家人である河越重頼の例もあります。重頼の娘は、源頼朝の差配で、源義経に嫁いでいます。しかし、ご存じの通り、後白河上皇の信任を得た義経と、頼朝の仲は次第に冷めていき、ついには、頼朝は義経追討に動き出します。これに際して、頼朝は河越重頼を殺してしまうのです。重頼は義経に与したわけではないのですが、娘が義経に嫁いだという理由だけで、ある種の連帯責任として処罰されてしまったのです。

現代の観点からすれば、これらの例は非常に理不尽なように思えますが、当時の御家人たちはこれを当然のことと受け止めています。言い換えれば、それほどまでに女性を介したつながりが重きをなしていたのです。

大荘園主となった女性皇族たち

女性と土地に関連して、もうひとつ特筆すべきなのは、女性の皇族に、非常に広大な荘園の持ち主が登場した点です。

その代表的なものとしてしばしば挙げられるのが、八条院領と長講堂領という荘園です。八条院領というのは、鳥羽上皇の寵愛を受けた八条院暲子内親王に譲られた、全国におよそ二〇〇カ所以上もある荘園群を指しています。また、長講堂領というのは、後白河上皇の娘にあたる宣陽門院覲子内親王が相続した荘園群を指します。数としては八条院領より若干少ないくらいだったと言われています。

この場合、なぜ土地を女性の皇族が相続したかというと、端的に言えば先述した「一期」の但し書きのように、いわば天皇家の財産を守るためでした。八条院も宣陽門院も生涯独身で、子どもを産まなかったのです。彼女たちは女性領主ではあっても、女系での相続はできず、皇族から養子を取るかたちで相続をさせています。つまり、女性の皇族が相続人となることは、土地の流出を防ぐという働きがあったのです。これらの土地は、皇室が大覚寺統と持明院統に分裂した両統迭立に及んでは、八条院領が大覚寺統の、長講堂領が持明院統の、それぞれの財政基盤となったのです。八条院も宣陽門院も、それほど莫大な財産を相続していたのでした。

これはある意味では、古代における女性天皇の役割とよく似ています。皇統を続けるための「中継ぎ」の役割が、ここでは土地を守るための女性皇族への相続というかたちになって現れたと言えるでしょう。

女性上位の時代

女性が国を動かす時代

鎌倉時代の天台宗の僧・慈円が著した歴史書『愚管抄』には、当時の日本を指して、「女人入眼《じゅげん》の日本国」と記されています。「入眼」とは目を入れることを意味しますが、「大仏開眼」であったり、「達磨に目を入れる」であったり、というように、いわゆる何かに「魂」を吹き込むことを指す言葉です。転じて「女人入眼」とは、「女性が動かしている」ということを意味しています。

つまり、鎌倉時代にあって、日本を動かしているのは女性だと慈円は言うのです。より具体的に言えば、この「女人入眼」の「女人」とは、源頼朝の妻・北条政子と、後鳥羽上皇の乳母である卿二位（藤原兼子）のことを指します。

『國文学名家肖像集』より「慈円」（国立国会図書館蔵）

源頼朝の死後、二代将軍・頼家、三代将軍・実朝と源氏将軍が続いたわけですが、その母である北条政子が、鎌倉幕府の実権を握っている、あるいは少なくとも強い影響力を持っていると、慈円は考えたのです。北条義時の後を継いで、執権職に就いた北条泰時が中心となって制定した「御成敗式目」では、頼朝以下、源氏三代の将軍及び北条政子が決めたことは絶対であり、決して変更はできないとする一文があります。このことから、北条政子は四番目の将軍とも呼ばれました。また、時に尼将軍とも称されるように、彼女が一定の政治的な判断を下していたと考えられます。

もう一人の卿二位は、先に述べたように後鳥羽上皇の乳母であり、院政を敷いた後鳥羽上皇の側近となって、権力を振るいました。鎌倉幕府内の抗争で三代将軍の源実朝が暗殺されると、卿二位は自らが育てていた頼仁親王を鎌倉の将軍に推すなど、彼女が重要な政治的判断の局面で影響力を持っていたことを窺わせます。

しかし、北条政子や卿二位がどこまで単独で影響力を持つことができたかは、なかなか評価が難しいところです。北条政子は源頼朝の、卿二位は後鳥羽上皇の、というように、いわば最高権力者たちの光を最もよく反射するような人物だったからこそ、それなりの発言権があったと考えることができるわけです。源頼朝、後鳥羽上皇が太陽ならば、北条政子と卿二位は太陽の光を反射させて光る月だというわけです。

また、鎌倉幕府において、必ずしも将軍の妻だから発言力があったかというと、そうではありません。二代将軍の頼家や三代将軍の実朝にも、それぞれ妻がいましたが、彼女たちは政治には全く関与していませんでした。その意味では、北条政子個人が優秀であったことと、鎌倉幕府を開いた初代将軍である源頼朝の存在がやはり強かったということでしょうか。

とはいえ、やはり女性がそれだけの権力を持つことを周囲から許されているということは、女性の価値が高かったということの裏返しでもあったように思います。

政治システムの外部に置かれた女性の存在

ただし、女性が当時の政治システムにしっかりと組み込まれていたかというと、そうではありません。北条政子の後に、将軍の妻たちが同じような政治的発言を許されたポジションを得られなかったように、「将軍の妻」というものが、政治システムのなかで正式なポジションとしては確立されていないのです。それはあくまでも北条政子個人に限定された権力と言えます。つまり、女性は政治システムの外部に置かれてきたのです。

これは、第一章でも見たように、称徳天皇が実権を握り、寵愛した僧侶・道鏡を天皇に据えようとした道鏡事件の後のように、女性と僧侶が政治に口を出すとよろしくないというような議論が、日本史を通じて繰り返し行われてきました。つまり、政治制度の外部にあって、イレギュラーな力を発揮する存在として、女性は畏怖の対象とされたとも言えるのかもしれません。

立て篭もり、家を守る農民の女たち

北条政子と卿二位は、為政者・権力者レベルの話ですが、より一般的な中世の民衆たちの間では、女性はどんな役割を持っていたのでしょうか。この点で参考になるのが、中世史の研究者である黒田弘子先生の研究です。黒田先生は、農民の逃散に際しての女性の役割を、「逃散を〈女の視座〉からみる」という論文のなかで、農民の逃散における女性の役割について論じておられます。

逃散とは何かというと、農村において、領主があまりにもひどい税金の収奪をした場合、不満が爆発した農民は、農耕を放棄して山へと入って逃げてしまうことがあります。これを逃散と言い、それは、いわば農民たちの命懸けのストライキだったのです。「そんなひどい扱いをするのならば、俺たちは逃散するぞ」と、示威行

蛭ヶ島公園の源頼朝と北条政子の銅像

為に打って出るわけです。逃散されると困るのは領主のほうですから、一定の効果があったと思われます。

逃散の際には、農民の男性たちは、山間部に小屋など拠点を作っておいて、そこに一時的に逃げ隠れします。それでは、男性たちが逃散しているときに女性たちが何をしているのか。これを明らかにしたのが、黒田先生の研究でした。それによれば、女性たちは男性たちと一緒に山に入るのではなく、出ていった男性たちの代わりに家に留まり、家を守る役割を担っていたのです。当然、家を空っぽにしてしまえば、領主側の兵によって、家を壊し、残った木材は売られてしまうこともあるわけです。それを食い止めて家を守るために、女性が残ったそうです。

果たして、そんなことができるのだろうかというと、家の周囲にしめ縄を張り、ある種の宗教的な「結界」を作ることで、領主側の人間たちが家に入ってくるのを押しとどめたとされています。その際には、女性が家のなかに立て篭もり、頑張っているわけです。

この点を考えると、一般の民衆、特に農民においては非常に女性の役割が大きいとも考えられます。

歴史を裏で支えた女性たちに光を当てる

「女人入眼の日本国」では、女性個人が政治に関与することはあっても、政治システム上のポジションは確立されなかったと先に述べました。しかし、農民の逃散における女性の役割などにも現れるように、実際には裏で政治を支えていた可能性は非常に高いのです。

私たち日本中世を専門とする研究者が、大学、特に女子大で日本史を教える際には、「中世は嫌い」と学生からしばしば言われたものです。「どうして嫌いなの」と聞くと「日本の中世は、北条政子と日野富子しか出てこないから」という答えが返ってきたことがあります。つまり、武士が台頭し、さまざまな戦争や政変が起きた中世という時代を学ぶ際に、女性は感情移入のしようがないというわけです。

しかし、先に見てきたように、北条政子や日野富子というのは、あくまでも例外的な個人ですが、農民の逃散の際、父親や夫たちの代わりに息をひそめて家を守っている女性がいたように、中世の女性たちも何かしら大事な役目を果たしていた可能性は高いのです。

これからの歴史研究、特に中世史研究においては、こうした女性の活躍というものも積極的に明らかにしていかなければならないだろうと思います。どうしても女性の存在というのは、本当の名前すら史料では明らかにならないように、史料の表側を読んでいるだけでは検証することができません。もっと、史料の裏側を読むような洞察力と教養が必要になるでしょう。

母方の実家の強さ

家督争いに影響を及ぼす母方の実家の家格

女性の地位の高さや相続の権利というものは、いわば実家の権限によって支えられている点を、本章では指摘しました。これは家督争いにおいても、女性の側、つまり母方の実家の影響力が、一定の意味をなしていたとも言えます。

たとえば鎌倉幕府を開いた源頼朝は、源義朝の嫡男ではなく、三男です。しかし、生まれたときから跡取りであることが決まっていました。それはなぜかというと、頼朝の生母の家が熱田大神宮の宮司の家という名家だったからです。これに対して、義朝の次男で頼朝のすぐ上の兄にあたる朝長の場合、母は相模国の波多野氏の娘で、波多野義通の妹にあたります。波多野義通は頼朝や朝長の父・源義朝に従順に仕え、ゆくゆくは波多野の娘が産んだ朝長を源氏の後継者にと考えていたのでしょう。ところが、義朝が頼朝を後継者に選ぶと、一時的ではあれ、源氏と波多野氏の関係が悪くなり、波多野義通は京から離れてしまいます。

やはり波多野にしてみれば、自分の家の血が入っている朝長が、源氏の家督を継いでもおかしくなかったのに、それを義朝が頼朝を後継者にすることを打ち出してしまった。その結果、源氏と波多野の不和が生まれたのだろうという可能性が、指摘されています。

このように家督を誰が継ぐのかというのは、徳川家康の時代になってようやく長男が継ぐという取り決めがなされるわけですが、この中世の頃はそこまではっきりと決まっていたわけではありません。その分、母方の実家がどれほどの家格なのかということが、大きな意味をなしていたのです。

北条泰時と名越朝時の家督争い

母方の実家に意味があった例として、もうひとつ挙げると、執権として鎌倉幕府を動かした北条義時の後継者をめぐる争いというものがあります。

義時の長男は承久の乱などでも活躍した泰時、そして次男は朝時と言いますが、義時の父で、泰時・朝時にとっては祖父にあたる北条時政は、ことのほか朝時を可愛がっていました。祖父の寵愛を受けた朝時は、時政の屋敷である名越の館を受け継いでいます。そのため朝時は、名越朝時と名乗っていました。

北条の家は、義時が嫡男の泰時を後継と決めています。しかし、朝時としてはそれが不服でならない。ずっと自分こそが北条の跡取りだと言い続け、兄の泰時に対する対抗心を隠そうともしませんでした。

なぜ、朝時がそこまで泰時に対して強気に出られたのかというと、どうもこれは母方の実家の家格がものを言っていたようなのです。泰時の母は阿波局とされていますが、いったいどこの誰なのかよくわからない。対して、朝時の母である姫の前は、有力御家人である比企氏の出です。しかも比企氏は、比企能員の変の結果、北条氏に一族すべて滅ぼされていました。そうなると比企氏が持っていた莫大な所領や財産を相続する権利を一応のところ持っているのは、比企氏の娘の子である朝時

小林清親『教導立志基』より「北条泰時／朝時」

ということになります。

比企氏が保有していた土地は、頼朝によって討伐された木曾義仲の所領の多くが含まれており、北陸地方や現在の長野県などに多かったのですが、比企能員の代で広げた所領なども含めて、その全てを受け継ぐ立場に朝時はあったわけです。北条時政が朝時を可愛がったのも、こうした経済力が背景にあったからだとも考えられます。

このように、名越朝時はいわば母方の実家が残した遺産によって、非常に重要な人物となっていたのであり、北条氏の家督をめぐる泰時のライバルとして動くことができたわけです。これも母親＝女性によって裏で支えられた政治のあり方のひとつと言えるでしょう。

乳母のネットワークが鎌倉幕府を動かす

もうひとつ、中世における女性の力ということで触れておきたいのが、乳母や継母の存在です。中世において、乳母や継母の存在は非常に大きな影響力があったとされます。たとえば、平治の乱で源義朝を退けた平清盛が、その後継である源頼朝の命までは取らずに、伊豆配流の処分にとどめたのは、清盛の継母である池禅尼の嘆願によるところが大きかったのです。

また、頼朝の乳母としてその存在が知られているのは、山内尼、比企尼、寒河尼、そして御家人の三善康信の伯母の四人です。

有力御家人の比企能員は比企尼の甥（のちに養子）でしたし、能員の娘は頼朝の息子で二代将軍・頼家に嫁いでいます。また、同じく有力御家人の安達盛長は比企尼の長女を妻にしていました。さらに比企尼の次女や三女は、頼家の乳母を務めています。このように比企氏は、乳母のネットワークを使って、北条氏よりもずっと強く、源氏将軍家と結びついていたと言えます。

頼朝が亡くなって、頼家の代になると、これを補佐するために有力御家人による合議制が発足しますが、そのメンバーには比企能員をはじめ、寒河尼の縁者であったと考えられる八田知家や、伯母が頼朝の乳母だった三善康信などが選ばれており、乳母もまた、政治の裏側で大きな影響力を持っていたと言えるでしょう。

中世の遊女と僧侶の男色

中世の遊女「歩き巫女」

中世の遊女というと、歩き巫女とも呼ばれた存在が有名です。歌や踊りを披露して歩く芸能の担い手として、重要な社会的役割を果たしていました。歩き巫女は、男装をして舞を踊った白拍子の劣化版のようなもので、宿から宿へ、地方から地方へと渡り歩きながら、歌ったり踊ったりして、その見返りに物を恵んで貰ったり、お金を貰ったりして生計を立てている女性のことを指します。お金を弾んでもらえるならば、一夜を共にすることもありました。

そうした中世の歩き巫女に関係する女性としては、たとえば「曽我兄弟の仇討ち」で知られる曽我十郎祐成と恋仲になった大磯の虎（虎御前）などがよく知られています。

曽我兄弟の物語は当時、非常に人気を博しましたから、歩き巫女たちはこうした物語を語って聞かせながら、おひねりをもらっていたのです。ご存じの通り、曽我兄弟は、富士の大巻狩りの最中に父の仇である工藤祐経を討つべく暴れまわり、見事に悲願を達成したのち、兄の十郎はその場で他の御家人たちに討たれ、弟の曽我五郎時致は捕縛後に処刑されました。十郎の亡き後、虎御前は仏門に帰依した兄弟の供養を片時も忘れなかったとされます。

しばしばよくある手として、歩き巫女が『曽我物語』を語り聞かせて、「こうして大磯の虎という遊女、その後は仏門に帰依し、今はこうして皆さんにお話を聞かせている、この私でございます」と落ちを付けるのが、語りのテクニックだったそうです。

遊女というワイルドカード

中世における女性の力というものを考えたとき、より外部的な存在でありながらも、ある種のワイルドカードのような力を持っていたのが、遊女たちでした。本章で述べてきたように、母親の実家、つまり母親の出自が重視された時代にありながら、遊女たちは出自に関係なく、権力者に気に入られれば、こうした身分秩序を一足飛びにして、大きな影響力を持つことができたのです。そのため、貴族の跡取りで、母親が遊女だったという例は少なくありません。

先に源義朝の次男・朝長と三男の頼朝の例を出しましたが、義朝の長男である源義平は、いわゆる「悪源太義平」と呼ばれる武士で、彼の母親は三浦半島の橋本宿にいた遊女だと言われています。

そうなると、頼朝の兄弟たちというのは、嫡男の悪源太義平の母は橋本宿の遊女、次男・朝長の母は相模国の有力武士の娘、そして三男の頼朝の母は熱田大宮司の娘、というように遊女・武士・貴族とそれぞれ違う身分の母を持っていたということになります。この場合、結局、貴族の娘を母に持つ頼朝が、三男ながら後継に選ばれているのですから、遊女を下に見る向きもあったとも言えますが、それでも遊女の子が跡取りとなった事例もあります。

たとえば、従一位太政大臣にまで出世した、れっきとした貴族である徳大寺実基は、母が遊女(白拍子)だったとされていますし、先述したように、平清盛に至っては後白河上皇と白拍子との間に生まれたご落胤だったという説もあります。

このように近世以前の遊女というのは、現代で言えば芸能人に近い存在で、歌や踊りに秀でて、その上、美貌を持っているという特別な才能を有する人たちだと考えられていたのです。いわば、実力でのし上がってきた女性たちなのです。

平清盛と遊女

『平家物語』のなかでは、平清盛が祇王という遊女を世話して、屋敷に住まわせている様子が描かれています。そこへ仏御前という別の遊女がやってくるのですが、清盛としては自分にはすでに祇王という愛人がいるわけで、仏御前を屋敷から追い出そうとします。

しかし、同じ遊女の祇王が情けを見せて、そんなことを言わずに歌を聴いてやってくれ、踊りを見てやってくれと懇願したので、清盛は仏御前に芸を披露させたの

音戸の瀬戸公園の平清盛日招像

です。すると、その素晴らしさに清盛は心変わりして、仏御前を屋敷に置き、今度は祇王に対して「出ていけ」なんて言う、とんでもないエピソードです。
そうして、祇王は泣く泣く清盛の屋敷を出ていくわけですが、そんな祇王を周囲の貴族たちが次々に口説きにかかるわけです。ところが祇王はもうそんなことはたくさんだと、貴族たちの申し出を断ってしまう。やはりそこには清盛に対する一途な思いがあったのかもしれません。あるいは、「平家にあらずんば人にあらず」とまで称されるほどに栄華を誇った、平家の長である清盛の寵愛を一度は受けた自分であるから、そこらの貴族に靡くわけにもいかないという女のプライドもあったのかもしれません。そこで祇王は仏門に帰依したのでした。

それだけ、やはり当時の遊女というのは、遊女としての誇りを持っていたのだろうと思います。

梅毒の登場以降、遊女は変わる

さて、中世の遊女は社会的な認識においても、自己認識においても、ある種の高貴さを漂わす存在としてあったわけですが、それが近世以降になってくると、どちらかといえば蔑まれる職業・対象としての色合いが濃くなってきます。

中世の遊女と近世以降の遊女を隔てる決定的な違いは何かというと、中世の頃にはまだ生命に関わる性病、具体的には梅毒が存在しないことが、非常に大きかったと思われます。

梅毒がヨーロッパにもたらされたのは、コロンブスがアメリカ大陸に到達した一四九二年以降のことです。その後、戦国時代に入って南蛮貿易を通じ、西洋人の往来が始まると、たちまちに日本でも梅毒が広まっていったのでした。

つまり、中世においては梅毒の心配は全くない。性愛を謳歌するという意味では、病気の恐れがないという点は非常に大きなことだったろうと思います。

また、梅毒は末期になると梅毒の菌が体を侵し、鼻が落ち、顔が崩れてしまいます。見るからにひどい姿になってしまう。だから遊女のような職業に就いている人間は罰当たりなんだというふうに差別意識を持って言われるようになったのは、梅毒が日本にやってきた戦国時代以降、とりわけ近世に入ってからのことなのです。用心深い徳川家康などは、病気を恐れて遊女との接触を自らに禁じていたといいます。

逆に言えばそれ以前、中世の遊女には、梅毒によって顔が崩れたりということはありません。それゆえに、男女は性を謳歌し、遊女は高貴な人間たちから慕われ、氏素性が知れないにもかかわらず、玉のこしに乗るなんていうこともあったわけです。そして、そうした遊女というのは、自らに対してある種の誇りを持っていた存在だったと言えます。

男色にも大らかな日本社会

このように、中世の女性たちは恋愛や婚姻を通じ、実家の家格に影響されながらも、妻として、母としてさまざまに男性たちの政治や社会に影響を与えていました。時には乳母のネットワークが重視されたり、時には遊女として権力者に取り入ったりと、さまざまなケースが見られます。

その一方で、男女の恋愛とは別に、日本は世界的に見ても男性同士の関係、つまり、男色に対して非常に寛容な社会でした。

西洋ではキリスト教やイスラム教など、一神教の性規範が強い国々では、男色は強くタブー視されています。のちの時代に西洋の宣教師がやってきて、日本の実情を知った際に、なんて野蛮な国だと罵るような文章も残しています。ところが日本ではそういうことはない。恋愛や性愛に大らかだったというのは、男女の仲にとどまらず、男性同士の仲においても、日本は非常に大らかだったのです。

僧侶と稚児の男色

男色が特に盛んだったというのでは、日本の寺院、つまり僧侶たちが男色をしたことはよく知られているでしょう。ヨーロッパのキリスト教教会では、男色は禁忌であり、聖書にも偶像崇拝や婚前性交渉、魔術や占いなどと並んで、男色をする者には「神の国は存続しない」ときっぱり否定されています。いわば、男色、同性愛の類は性的倒錯であり、「罪」なのです。

しかし、日本の寺院にはそうした決まりはありません。むしろ日本の仏教教団で頑なに守っていたのは、女人禁制ということです。女性を近づけてはいけない。これは仏教の祖である釈迦が定めた五戒のうち「不邪淫戒」から派生したものとされますが、日本では僧侶は女性とは接してはいけないとされたのです。これは意外と守られており、それだけ守られていたということは、寺院の内側には、それに代わるものがあったということを意味しています。それがまさに男色だったのです。しかも、女性と接するのはダメだから、男性に向かっていったのではなく、むしろ男性との関係は許されていたから、女性に行かなくてもいい、というようなものだったと思われます。

その男色の相手となったのが、まだ髭の生えていない少年の坊主であるお稚児さんです。中世の有力寺院には、行ってみればアイドルのように、人気のお稚児さんがいたとされています。

もちろん、こうした男色は寺院のなかだけのことにとどまらず、一般の社会にも広まっており、たとえば後白河上皇もかなりの男色家だったことが、九条兼実の日記『玉葉』などから窺い知れます。

しかもそれが一般の社会にも広まって、皇族も上流貴族も大っぴらにいろいろとやっていました。それが悪いことだというように考えることは、まずありません。

そこには血よりも家を重視する日本社会特有の価値観があったのかもしれません。つまり、血の連続性は問わないため、家を存続させるならば、養子でもよいわけです。

先述したように、今日のような性病がない時代ですから、病気以外に何が問題になるかといえば、男色の場合、やはりどんなに関係を持っても、子どもができない

『賤のおだまき』挿絵（国立国会図書館蔵）

ということです。

けれども、血の連続性にこだわらないのならば、子どもが生まれなければ、ほかから養子をもらってくればそれで済んでしまうわけですね。そのため、非常に男色は盛んでした。

これが、次章で紹介していく戦国時代になると、男ばかりの戦場での生活が多くなるわけですから、男色はより横行していくことになるわけです。

武士たちの男色

さて、こうした男色が武士の世となると、また違う意味合いが付与されるようになります。やや時代が下りますが、薩摩国の武将・平田三五郎宗次を主人公とした『賤のおだまき』という歴史小説が、江戸時代末期に作られましたが、これは当時の男色文学の代表作のようにいわれます。

同書によれば、男性同士の恋愛というのは、男女の恋愛よりも上位にあるとされており、そこでは武士同士の恋愛模様が描かれています。前章で藤原頼長がネコとタチを入れ替えて楽しんだという男色話を紹介しましたが、武士の世の中となると、ネコもタチも存在しなくなります。

主人公の三五郎は、吉田大蔵清家と出会い、いわばあたかも兄と弟のような関係となって、二人で武士らしく生きよう、武芸の道を極めようというような話になります。その結果、庄内の乱で二人して戦死してしまうというのが物語の筋書きです。そこには極めて体育会系の男色関係があるように思います。

ネコとタチに別れて、時には関係性を逆転してみて、あの手この手で性を謳歌する平安貴族の男色とはひと味違うものになっています。

第四章 戦国武将の性愛

戦国武将の色好み

戦場で芽生える男の恋

戦国時代に入ってくると、戦国武将は人生の多くを戦場で過ごすことになります。一度、軍事行動に入れば、何カ月も陣中で過ごすことになるわけです。そうした戦場には当然ながら、正室や側室といった女性たちを連れていくことはまずできません。しかし、性欲はあるわけですから、その吐け口となったのが、男色でした。その意味では、戦国武将の色好みというと、何でもありの状態になってきます。男女の同衾の他にも、男色が非常に多い。

小姓との関係でいうと、織田信長とその小姓である森蘭丸の関係がよく知られていると思います。漫画でも時代劇でも、信長の寵愛を受けた森蘭丸というと、女性と見紛うほどの美少年として描かれるのが普通です。

しかし、森蘭丸が美少年だったとする史料は特にありませんし、後世の江戸で描かれた森蘭丸の武者絵などを見ると、全くと言ってよいほど、女性寄りの美少年ではなく、かなり武士としてマッチョに描かれていることが多いのです。戦国時代の当時にあっては、大名でもない森蘭丸の肖像は当然ながらありません。江戸時代の浮世絵であれば、男色の絵の場合、割と受け手の男性は女性風に描かれることがしばしばですが、森蘭丸の場合、そのようなものがほとんどありません。

小姓として主君の一番近くに仕えて、いざとなれば主君のために命を賭して戦わなければならない武人なわけですから、戦国武将の男色というのは、やはりある種の男らしさを持った人間同士の関わりだったのだろうと想像します。

戦国武将と梅毒

もちろん、戦国武将は男色ばかりでなく、遊女とも関係を持ったことでしょうけれども、前章で紹介したように、南蛮貿易の始まる戦国時代以降、日本に梅毒がもたらされています。そのため、戦国武将でも梅毒が原因で亡くなった者も少なからず存在します。

たとえば、徳川家康の次男である結城秀康は最終的には梅毒で亡くなったとされています。梅毒の末期症状である鼻が欠けるところまで、病は進行してしまったそうです。先述したように、家康自身は梅毒を恐れて、決して遊女には近づかなかったと伝わります。

また、私が驚いたのは、黒田官兵衛（如水）も梅毒だったのではないかとされていることです。軍略に優れた天才的な武将であると同時に、キリスト教を信仰し、茶を嗜む文化人で、極めて合理的な思考の持ち主でした。キリスト者なわけですから、一夫一婦制を守り、側室は持たずに正室だけを生涯大切にした、現代的な教養人だと私は考えていました。ところが、どうやら彼は梅毒持ちだった。頭巾を被った肖像画が残されていますが、これは梅毒の腫れ物を隠すために被っていたのではないかとも言われています。

ご存じのように梅毒は病気が進行するとやがて、脳が侵され、錯乱して怒りっぽくなったりするなど感情の起伏が強くなり、情緒が不安定になるというような症状が現れると言われています。仮に黒田官兵衛が梅毒だったとすると、晩年の黒田官兵衛のエピソードも納得させられてしまうのです。

官兵衛は晩年、非常に怒りっぽくなり、家臣を突然叱責したりしたそうです。以前の官兵衛はむしろ、合理的に物事を指摘したり、優しく諭したりするようなタイプだったので、まるで人が変わったかのようになったのです。

家臣たちは官兵衛の異変を、息子の黒田長政に訴えます。長政は父に、「いったいどうしたのですか」と尋ねたところ、官兵衛は自分がわざと乱心することで、家臣の忠義が現当主である長政に向くよう芝居を打ったのだと答えました。あえて家臣に冷たくあたり、代わりに長政を守り立てるように仕向けたというわけです。

優れた策士であった官兵衛ならではのエピソードなのですが、これが梅毒に冒されていたのであれば、話は変わってきます。つまり、梅毒性の錯乱によって、怒りっぽくなっていただけだったということになるわけです。また、官兵衛は梅毒の治療に水銀を服用したことで、水銀中毒にかかっていたという話もあります。前田利長（利家とおまつの方の長男。この人も梅毒を患っていた）に宛てた手紙のなかに、近頃は水銀を服用しているので調子がよい、という文言があるのです。

武田信玄が春日虎綱に宛てたラブレター

戦国武将の男色というと、有名なのは甲斐の武田信玄と、その家臣で武田四天王の一人、春日虎綱との関係です。春日虎綱は、かつては高坂昌信と呼ぶこともありましたが、現在では春日虎綱の名前が使われることが多くなっています。

その春日虎綱は若い頃、源助と呼ばれていたのですが、武田信玄が春日源助に宛てた恋文というものが残されており、私が勤める東京大学史料編纂所に保管されています。研究者の間では、偽物ではないかという意見も多いのですが、私は本物だろうと思っています。仮に偽物であったとするならば、偽文書というものは何かしら目的があって作られるものです。武田信玄のラブレターなんて偽造したところで、いったいどんな使い道があるのでしょうか。また、使われている文言や形式から言っても、おそらく本物ではないかと私は考えています。

それによると、弥七郎という別の男性との浮気を疑われた信玄が、虎綱に対して「弥七郎とは何でもない清い関係だ。俺はお前ひと筋だから」と、自身の身の潔白を訴えているのです。こうした誓約の起請文には、熊野神社などの神社仏閣から頂く牛王宝印という紙を用いるのが普通ですが、この書状はただの白い紙です。

この紙には、「甲役人多く候あひだ」と読める追而書が記されています。甲役人ってナニ？　甲府の役人？　それが多いからどうだというのか？　よく分かりません。ところが、千々和到先生が見事に解釈しました。それによれば、これは「甲役人」ではなく「申待人」ではないかというわけです。この頃には、庚申信仰というものがあって、干支の庚申の日は、人々は徹夜で酒を飲んで楽しんだのです。そうした人々を申待ち人と称した。つまり、庚申信仰で賑わう日だったため、「人の目もあるので、起請文は後日取りに行きます」と弁解していると解釈できるのです。こんなわかりづらい偽文書、ありませんよね。

つまり、春日源助は、浮気をした武田信玄を咎めて、それに対する弁解として、信玄はこの文をしたためたというわけです。このことから何がわかるかというと、男色の関係において、女性は比較の対象外となっている点です。

信玄には正室や側室があり、当然ながら女性とも関係を持っていました。ところが、虎綱にとっては自分が嫉妬する相手というのは、同じ男色の関係にある弥七郎という人物であって、信玄の妻たちには嫉妬心は起きないということになります。まさに男性は男性の世界で恋愛をしていたということになるでしょうか。

このように男性同士で恋愛の関係となった二人というのは、一晩を共にした仲であるし、戦場においても自分のことを裏切ったりしないだろうという、固い絆で結ばれるようになります。

春日虎綱の場合は、成長したのち、対上杉の重要な拠点である海津城を任されることになりました。武田信玄の最大のライバルである上杉謙信が、春日山城から兵を挙げて進軍してくると、武田領においてまず攻めるのはこの海津城になります。

そうなると、春日虎綱は海津城で上杉軍を押し留めつつ、甲府にいる武田信玄に、おそらく狼煙か何かを上げて、上杉謙信が攻めてきたことを知らせるのです。これを見た信玄は甲府から兵を率いて、上杉軍と戦うために進軍するという運びとなるのです。つまり、春日虎綱は、対上杉軍方面司令官に任ぜられているわけです。

武田信玄は上杉謙信と北信濃の領有をめぐって、およそ一〇年にも及ぶ戦いを繰り広げます。これがいわゆる川中島の戦いですが、この上杉からの攻撃を防ぐために、最前線に位置する海津城を春日虎綱に任せたということは、信玄が相当に虎綱を信頼していたことの証左なのです。なぜなら、それだけ最前線にあるということは、上杉の調略によって相手に寝返る可能性だってあるわけです。実際に武田信玄はそうした調略を得意としており、上杉側の最前線の防備についていた北条高広を丸め込み、武田側に寝返らせています。当然ながら、反対に上杉のほうから春日虎綱側にも裏切りの誘いがあっただろうと思います。

だからこそ、信玄はかつて男性同士の恋愛関係にあり、決して自分を裏切ったりしないと言えるような信頼感のある虎綱を、そうした最前線の城の守りにつけたのでした。下克上の戦国時代において、男性同士の恋愛関係にあった人間たちはお互いのために戦い、非常に強い信頼関係で結ばれ、それがまた戦場での力になったのかもしれません。

天下人の性愛①　織田信長

男色の相手にも才能を求めるカリスマ

日本で初めて天下統一を志した、天才的な戦国大名である織田信長もまた、戦国武将のご多分に洩れず、部下との男色の関係にありました。先述した小姓の森蘭丸との関係はよく知られていますが、信長の特徴は、男色相手にも才能を求めるところにあります。

織田家臣団というのは、基本的には才能優先で、できる奴ほど出世するという、現在で言うならば、新進気鋭のベンチャー企業です。普通の戦国大名が国内の人間で家臣団を固めているのに対して、信長が重視するのは才能のみ。有能な人間なら、どこの馬の骨とも知れない人間でもどんどん登用し、チャンスを与えました。その

織田信長肖像（提供：Bridgeman Images/アフロ）

ため才能のない人間には極めてシビアです。父の代からの家臣であっても、使えないと判断するや否や、処分してしまっています。

そのため、基本的に信長という人物は、才能のない人間を自分のそばには置きたくないのです。それは男色相手に対してもそうだったと思われます。信長が選ぶ男色相手というのは、何らかの一芸に秀でていなければならないのです。

有名な例だと、信長の側近として活躍した堀久太郎秀政という武将がいます。「名人久太郎」と称されるほど様々な才能に秀でた人物で、信長も好んで自分の側に置きました。最終的には越前国北ノ庄の大名になりましたが、北条氏を攻めた小田原征伐の際、病気のために亡くなっています。

彼氏であっても特別待遇はしない

万見仙千代重元という小姓も、織田信長は大変に重用しています。森蘭丸も優秀だったと伝わりますが、仙千代はさらに上をいく人物だったようで、織田家の家督を継いだ織田信忠の政権の柱になるだろうと、みなが認めていました。

信長と男色の関係にあった人物には、信長の代で出世をした者もいれば、次の世代で活躍するべく、その出世を約束されたような者もいたのです。万見仙千代や森蘭丸といった小姓たちは、ゆくゆくは信忠の腹心として織田家臣団を切り盛りさせるために、信長は育成していたとも考えられます。

ただし、ここが信長らしいといえば信長らしいのですが、どんなに愛した男であっても、決して特別扱いはしなかったのです。政治的な能力の高い万見仙千代のような人物が、戦場での直接的な戦闘ではそこまで秀でていたとは言えません。それにもかかわらず、まずはそうした生き死にの現場に放り込むのです。それはあたかもライオンが我が子を千尋の谷に突き落とすことを地で行っているわけです。

あるいは使えると認めると、どこまでもこき使うブラック企業的な織田家臣団の特徴とも言えるかもしれません。戦場ですから、当然ながら何が起こるかはわからない。最前線に送り込まれ、運が悪ければ死んでしまうこともある。そこで死んでしまえば、それまでだ、信長は割り切っていたようです。そして仙千代は、ある戦いでモブのようにあっさり戦死するのです。

信長はそういうことに対しては、全く遠慮会釈なく、有能なものはとにかく使い倒すというような人物でした。それが結局、明智光秀の謀反を誘発し、天下統一を目前にして、本能寺の変で命を落としてしまうことになるのです。

天下人の性愛② 豊臣秀吉

美少年には見向きもしない豊臣秀吉

豊臣秀吉の場合、男色については、全くといって浮いた話はありません。むしろ、ありすぎるくらいにあるのは、徹底的な女好きのエピソードです。

たとえば、こんな逸話があります。「あれだけ女好きで色好みな殿下であるから、きっと美少年も好きに違いない」と噂した豊臣家の近臣たちが、ある日、大変に美しい美少年を用意して、広間で秀吉と二人っきりにさせたことがありました。そして、殿下がどんな行為に及ぶか、物陰からそっと覗き見ていたところ、秀吉はおもむろに少年に近づいて、肩を抱きかかえ、何事か声をかけている。近臣たちは「お、口説き始めたぞ」と思って、何が始まるのかワクワクしていると、そのまま少年か

豊臣秀吉肖像（提供：akg-images/アフロ）

ら離れて、広間から出て行ってしまいました。
　当てが外れたかなと近臣たちが物陰から出てきて、少年に「お主は殿下からどんな言葉をかけられたのだ」と聞くと、「殿下は私に、『お前に姉はいるか』とお尋ねになりました」と言ったそうです。
　そういう話が出てくるほど、秀吉は男色に興味関心がありませんでした。彼の性愛に関する話は晩年になるまで生涯を通じて、女性との関係だけです。もしかすると、それは、秀吉が農民の出身だったからかもしれません。男色というのは武家においては当然の嗜みのような部分もあります。秀吉はそもそもが武家の出ではありませんから、そういうところに性的指向の違いが出てくるのかもしれません。

秀次の女ぐせの悪さは叔父譲り？

秀吉は晩年に淀殿との間に子が生まれるまで、世継ぎに恵まれませんでした。ようやく生まれた鶴松も、わずか二歳で亡くなってしまいます。そのため、甥にあたる秀次に関白職を譲り、豊臣家の後継者にしようと考えました。

しかし、この秀次がどうもそこまで能力が高くない。そのせいもあったと思いますが、秀吉は、自分の跡目を継ぐにあたっての教訓状のようなものを、秀次に残しています。秀次に対して、自分の真似をしてはいけないと厳しく戒めたわけです。

どんなことを戒めたかというと、ひとつは鷹狩で、ひとつはお茶です。秀吉は鷹狩とお茶を非常に好んでいましたが、秀次に対してこういうことにうつつを抜かしてはいけないと言っています。

そして、三番目が女性です。他所で女性に手を出すと、いろいろと問題が起きてしまうからよろしくないのでそれはいけない。私のマネをしてはいけないよ、と戒めています。でもそれに続く言葉に呆れます。家のなかに五人くらい側室がいるのは全く問題ないよ、と言うのです。女好きだった秀吉、厳しく戒めているようで、その辺の貞操観念はとてもゆるい。

問題はこの秀次も、叔父の秀吉に負けず、無類の女好きだったようで、正室として池田恒興の娘をもらいますが、そのほかに多くの側室がいました。菊亭晴季の娘で、非常に美しい女性だった一の台こそが正室とも言われますが、一の台には前の夫との間に娘がおり、その娘を連れて秀次のもとに嫁に来ました。

その連れ子もまた美しい少女で、秀次は母親だけでなく娘のほうにも手を出した、などという逸話が伝えられています。なんともとんでもない話です。

天下人の性愛③　徳川家康

なぜか側室がほとんどいない家康の前半生

もうひとりの天下人、徳川家康に関する性愛についていうと、非常に不思議なのは、若い頃にはほとんど側室をもうけていないという点です。今川氏の娘である築山殿を正室にもらい、嫡男の松平信康、長女の亀姫が生まれた後には、全くと言って子作りをしていません。

戦国の世ですから、嫡男がいるとはいえ、何が起こるかはわからない。ゆくゆくは戦場に立って戦死したり、病に罹って亡くなったりするかもしれない。だからこそ、多くの戦国大名は側室を持ち、産めよ殖やせよではありませんが、子どもをたくさん持つことを良しとしたわけです。

徳川家康肖像（提供：akg-images/アフロ）

しかし、浜松にいた頃の家康は、西郡局という側室しか置きませんでした。正室の築山殿とは浜松と岡崎で、別居していたのに。西郡局との間には家康にとっては次女にあたる督姫が生まれていますが、積極的に子どもを作ろうとはしていません。当時の家康は二〇代後半から三〇代くらいなわけですから、そうした意欲はあって然るべきでしょう。しかし、驚くほどにそういう話がないわけです。

それではこの西郡局が、家康のハートをしっかりとつかんで離さなかったかというと、そういう感じは全くないわけです。晩年の家康は、この西郡局を大事にしていないのです。西郡局が亡くなったときには、家康本人が葬儀を執り仕切るのではなく、娘の督姫の夫である池田輝政にその一切を任せてしまっています。

そのような態度を考えると、どうも西郡局を大切にしていたから、他に側室をもうけなかったということでもない様です。

子作りをしなかったのはストレスが原因!?

先にも述べたようにお家の繁栄のためには、子どもはたくさんいたほうがいいわけなので、そのためには側室を持つことは、戦国大名にとって悪いことではありません。むしろ当時の規範としては、推奨されていたことです。

では、なぜ若かりし頃の家康には側室がほとんどおらず、子どもも積極的に作ろうとしなかったのか。

この問いへの回答のひとつとして、甲斐の武田信玄が本当に怖くて、ストレスのあまり、とても女性を抱くなんていうことをイメージすらできなかったのではないかとも考えられなくはないでしょう。ブラック企業で働いて、労働の疲れとストレスのあまりにセックスレスになる、というのは現代でもよく聞くところです。とはいえ、生物は死の恐怖を感じると、子孫を残そうとして性的な行動に走るともまことしやかに言われますから、武田信玄に対する恐怖という説もどこまで本当かは定かではありません。

徳川家康の男色関係

そうなるともうひとつ考えられるのが、当時の家康は男色に夢中だったから、側室を持たなかったという説です。

家康の男色というと、相手として挙げられるのが、彦根藩の初代藩主となる井伊直政です。松平徳川家と井伊家というのは、そこまで古いつながりのある家柄ではないものの、家康が関東入りしたときには徳川家臣団のなかで、井伊直政が最もたくさんの領地を与えられています。本多忠勝や榊原康政が一〇万石なのに対して、井伊直政だけが一二万石ももらっている。そうなると、昔から松平徳川家を支えてきた三河武士たちからすると、「なんで直政だけが」ということになるのが自然です。

これは史料的にはあまり信頼性がないのですが、幕末から明治にかけて作られた人物伝『名将言行録』には、井伊直政は、徳川家康と男色の関係にあったから、あれほどの領地を与えられたのだと書かれています。三河武士としてはそうした納得の仕方をせざるを得なかったのやもしれません。

ただ、冷静に考えてみると、どうも徳川家康には側室だけでなくて、他に男色の話もほとんど聞きません。武士の嗜みとして、男色の相手がいたとしてももちろんおかしくはないのですが、そういう話はほとんどないのです。

ですから、井伊直政がそれだけの領地を得たというのは、やはり命懸けの奉公をした結果だろうと思います。直政は関ヶ原の戦いで奮闘し、島津軍を打ち破るなどの目覚ましい活躍を遂げますが、その際の銃撃の傷がもとで、若くして亡くなっています。

側室の子・結城秀康

その後、家康は於万の方という側室をもうけて、彼女との間に二番目の息子が生まれています。この子どもがのちの結城秀康となります。嫡男の信康は、謀反の疑いをかけられて、結局、自害させられてしまうわけですから、順番で言えば、この秀康が世継ぎとなってもおかしくはないのですが、結局、その弟にあたる秀忠が、将軍職を継ぐことになります。

そのことからもわかるように、どうも家康はこの結城秀康を愛していないところがあります。当初は認知すらしていないのです。あまりにも毛嫌いするので、嫡男の信康が「それはあんまりです」と間に入って、ようやく息子として認めるわけですが、結局、世継ぎとしては認めませんでした。

能力はなかなかあったようですが、それでも認めなかったのはなぜか、理由というのは、実際のところよくわかっていません。

確実に子どもを作るために未亡人を側室にする

家康は子作りに努力しなかった。それは、嫡男の信康がいれば、徳川家は安泰だというくらいに思っていたのかもしれません。若い頃に立て続けに子どもが生まれているわけですから、一応、自分には子どもを作る能力はちゃんとある。しかもすぐに出来のいい嫡男にも恵まれた。だったらそこまでがっついて子作りに励まなくてもいいだろう、というのが実際のところだったのかもしれません。

長男・信康は、織田信長との関係で、謀反を疑われ、自害しなければならなくなりました。その途端に、家康は子作りを始めています。それまで子作りをしなかったのは、それだけ信康を信頼していたということになるのかもしれません。

さて、後継と考えた嫡男が自害したため、急ぎ、子どもが必要になった家康は、自分の相手に確実に子どもを産んでくれる女性を選びます。確実にとなると、つまりそれは一度、子どもを産んだことがある女性、すなわち子持ちの未亡人です。こうした女性を側室に迎えて、すぐに家康は子どもをもうけたのです。なんだか計算づくで、色気も何もあったものではありませんが、堅実な家康ならではのエピソードと言えるでしょう。

その後、天下取りに邁進したのちに、徳川家が一応の安泰をみると、次第に家康は若い女性を側室として置くようになりました。となると、ロリコンこそが、家康の本性なのかもしれません。

戦国時代の強い女性たち

一一人も子どもを産んだおまつの方

戦国時代の賢母と言えば、一番に思い浮かぶのはやはりおまつの方です。のちの加賀百万石の大名家にまで発展していく前田利家の正室であるおまつは、一一歳で利家に嫁ぎ、一二歳で第一子を産んでいます。満年齢で言えば、一〇歳でお嫁に行き、一一歳で子どもを産んでいることになります。現代の価値観ではもう犯罪です。

その後も、おまつは利家との間に子どもを産みつづけ、生涯で一一人もの子どもを産みました。これはのちの時代に、与謝野晶子が夫・与謝野鉄幹との間にやはり一一人の子どもをもうけていますが、これに匹敵する人数です。

こんなに子ども産んでくれた奥さんです。まず利家はおまつに頭が上がらないと思うのですが、それでも利家はおまつの他に側室を持っていました。これが当時の戦国大名の価値観だと言えるでしょう。

とはいえ、一一人のうち三人は、早くに亡くなってしまい、残り八人のうち、世継ぎ候補となる男子は、二人だけでした。長男の前田利長、そして次男の前田利政です。

天下分け目の戦いである関ヶ原の戦いでは、兄の利長は徳川方の東軍に付きましたが、どうも弟の利政は、豊臣方の西軍と通じていたようなのです。これは有名な真田家のように、兄・弟で東軍・西軍に分かれ、どちらが勝っても家は存続するということを画策したためだったかもしれませんし、あるいは利政はもっと積極的に西軍に味方したのかもしれません。結局、東軍の勝利に終わったのちには、利政は所領を召し上げられ、浪人することになり、前田家を継ぐという目はなくなってしまったのでした。

ただ、前田利家の後を継いだ長男の前田利長は、世継ぎとなる男子に恵まれませんでした。そのため、父・利家が側室との間につくった子ども、つまり利長にとっては異母弟にあたる前田利常を養子にして、世継ぎとしたのです。

つまり加賀百万石の初代藩主が前田利長で、その義理の息子となった前田利常が、二台目の加賀藩主となったわけです。そして、その後もこの利常の系統が、前田家を代々、続けていくこととなります。

繰り返しますが、利常は、利家が側室との間につくった子どもです。つまり、加賀百万石の賢母・おまつの方の子どもではありません。結局、一人も子どもを産みながら、その子どもの系統は本家として続かなかったのです。

とはいえ、利常はその後、前田利政の息子を召し出し、前田土佐家として一万石を与えています。この前田土佐家のほうでおまつの方の血が綿々と受け継がれていくのです。つまり、おまつの系統の子たちは、前田本家の家来に甘んじるというかたちになってしまったわけで、実に気の毒な話です。

側室を持てなかった前田利長

これは余談になりますが、加賀藩の初代藩主となった前田利長は、織田信長の娘を正室にもらっています。つまり、主君の娘を嫁にするかたちになるわけです。その場合には、側室は持てないという暗黙のルールがあり、前田利長には側室がいませんでした。それも利長が世継ぎに恵まれなかった要因のひとつだったかもしれません。

しかし、どうやら利長は側室を持てない鬱憤を遊女で晴らしていたようで、結局、梅毒をもらってしまったようなのです。その病気を理由に結局、利長はその後は女性と関係することができなかったので、やはり世継ぎは生まれなかったのではないか、とも言われています。

父親を好きすぎた細川ガラシャと嫉妬に狂う細川忠興

また戦国時代の有名なカップルというと、細川忠興とその妻・細川ガラシャが挙げられるでしょう。彼らの恋愛というものは、なかなか歪なもので、とにかく細川忠興は文武に優れた優秀な戦国大名であった反面、非常に短気な性格で知られる人物でした。大変に嫉妬深く、かつ妻のガラシャを心底愛していた。そのため、ガラシャが食事に手をつけて「おいしい」と言っただけで、その料理を作った人間の首を刎ねたり、ガラシャと目があった庭師を切り捨てたり、と実に異常な愛情をガラシャに注いでいるのです。

ガラシャはキリスト教に入信したときの洗礼名で、本来は玉という名前ですが、ご存じの通り、彼女は明智光秀の娘でした。光秀は、才能重視の織田家臣団のなかでもひとつ頭の抜けた優秀な武将で、信長の信頼も厚く、京都を中心とする近畿地方の軍司令官のような存在。いわば、信長の側近中の側近だったわけです。そんな優秀な父を、ガラシャは敬愛していました。

ところが光秀は謀反を起こし、本能寺の変で主君・信長を討ってしまいます。そうなると、本来ならば忠興はガラシャと離縁しなければならないのですが、ガラシャを愛するあまり、結局、それはせずに、味土野《みとの》という山奥に謀反人の娘だということで、幽閉してしまいます。

ガラシャはガラシャで、父・光秀に味方しなかった忠興にショックを受け、明智を裏切ったという気持ちで、細川家に対する恨みを募らせたわけです。細川家が明智側につかなかったということは、ただ単に細川一〇万石の兵が味方しなかったということではありません。あの細川が明智につかないのならば、ということで他の大名たちも明智側につくことを躊躇したのでした。ある意味では、細川家が明智側につかなかったから、光秀は負けたとも言えるかもしれないのです。

いっそのこと、一思いに殺してくれたほうがどんなに楽だったか、それにもかかわらず、忠興は自分を愛しているという……。ガラシャの精神はズタズタに切り裂かれた状態だったことでしょう。だからこそ、彼女はキリスト教の信仰にすがるほかなかったのかもしれません。

極め付けは、そんなことがありながら、幽閉されたガラシャのもとに忠興は足繁く通ってくるのですが、その味土野の地で、ガラシャは子どもまで産んでいるのです。私の気持ちをくんでくれないくせに、体だけは求める。そんなことをされれば、ガラシャの忠興への愛は、すっかり冷めてしまったことでしょう。

女城主の存在

戦国時代の女性をめぐってしばしば言われるのが、女性の領主は存在したのか、という問題です。以前にＮＨＫ大河ドラマで『おんな城主　直虎』が放映されて、井伊直虎が脚光を浴びましたが、史実では男性説が有力のようです。

史実的にきちんと確認できる女性城主は、実は一人だけ存在しています。福岡の立花山城の城主だった立花誾千代が、おそらくは唯一の女性城主と言えるでしょう。

もともとこの立花山城というのは、大友家に仕えた誾千代の父である立花道雪が預かる城でした。大友家は、外海に開かれた商業都市として栄える博多の町の収益を手中に納めながら発展してきた家です。それゆえ、博多の城の守りは非常に重要でした。この立花山城はまさに博多の街を守るための城だったのです。それゆえ、家中のなかでも戦上手で評判の立花道雪に同城を守らせたのでした。

ところが、立花道雪は世継ぎとなる男子に恵まれず、結局、娘の誾千代に立花家に伝わる鎧兜などの一切合切を全て譲ってしまったのです。そのため、文書史料の上で確実な証拠がある女性城主は、この立花山城城主の誾千代になるというわけです。

さらにこの誾千代の婿として迎えられたのが、同じく大友家に仕えた高橋紹運の息子である立花宗茂でした。宗茂は道雪の養子となり、彼に鍛えられることで、大変な戦上手になったと伝わります。二〇〇〇ほどの兵を率いての戦であれば、戦国時代で最も強かったのは、この立花宗茂ではないかと言われるほどの勇名を馳せることとなります。

長浜城を切り盛りした「女城主」おね

文書の上での城主は立花誾千代ひとりだけだったとしても、実質的には優れた統治能力を発揮し、ほとんど領主と言って差し支えないような女性が、戦国時代には少なくありません。

その代表的な存在と言えるのが、天下人・豊臣秀吉の正室の北政所こと、おねさんでしょう。朝倉義景・浅井長政との戦いで功績を上げた秀吉は、長浜城の城主となりましたが、その後も各地で転戦を続けたため、なかなかこの本拠地に腰を据えることができませんでした。そこで、秀吉の留守を預かり、長浜城を切り盛りしたのが、おねだったのです。秀吉の子飼いの武将たちの面倒を見て、政治をし、経済をまわした。おねが果たした役割はとても大きいと言えます。

その意味では、実質的に長浜城の城主は、おねだったと言っても過言ではないでしょう。彼女が非常に優秀な女性であったことは、あの信長がおねに対して懇切丁寧な手紙を送っていることでも明らかです。

こういう形での事実上の女性城主というのは、戦国時代には多かったのではないかと思われます。

戦国の女性たちの戦

戦国時代の女性たちというのは、結局のところ、他家へ嫁に行くことで、ある種の外交官のような役割を果たしてもいました。

時には実家の父や兄、弟にさまざまな情報をもたらすこともありますし、あるいは人質として外交に使われることもあります。その意味では、戦国時代の女性たちも、男性とは違うかたちで戦っていたのです。

ただ、女性たちが嫁ぎ先を優先するのか、それとも実家の意向を強く持ち続けるのか、どちらにアイデンティファイするのかは定かではありません。より時代が下って近世の武家社会となれば、女性は嫁いだ先の家の人間となり、夫方の家を大切にします。しかし、戦国時代にあっては、この点は未分化だと言えるかもしれません。

第五章

江戸時代は「男尊女卑」社会か？

江戸時代は男尊女卑社会だったのか？

儒教が浸透する武家社会

これまで見てきたように、日本という国では歴史を通じて、女性がかなり影響力を持ち、恋愛や結婚を通じて政治的な力を発揮したりすることがしばしばありました。

こうしたある種の大らかさを日本社会は有していたのですが、それが江戸時代に入ると大きな転換点を迎えます。端的に言えば、女性の地位がはっきりと低下していくのです。本書で見ていくように一般庶民たちはともかく、支配階層である武家社会となると、女性の自由は明らかに制限され、家というものに縛られるようになっていきます。

ひとつには江戸時代に入って、儒教的な価値観の影響が、特に武家社会においては強くなったことが挙げられるでしょう。「女三界に家なし」というひどい言葉がありますが、女性というものは若い頃は父親に従い、嫁に行ってからは旦那に従い、歳を取ってからは息子に従えというように、女性の人権を踏みにじるような発想が、ある種、当たり前になってくるのです。

現代でも少し前にある政治家が、女性に対して「子どもを産む機械」だと発言して、顰蹙を買いました。しかし、江戸時代の女性観とはこれと全く同じようなもので、後継となる子どもが産めないならば、「石女」と呼ばれて離縁されたり、「腹は借り物」などというようなひどい表現すらあったのです。

極めて家父長的になった江戸時代の家では、父親が誰かということが重要であって、母親についてはどうでもいいといったふうなのでした。

それは三代将軍・徳川家光の妻たちを見ても明らかです。家光の側室・お振の方は、石田三成の曾孫で、仮に彼女が世継ぎとなる子を産んだとすれば、徳川家に弓を引いた石田三成の血を引く徳川将軍が誕生することになってしまうわけです。ところが、どうもそのことを考慮した節はありません。つまり女性の側はただ丈夫な後継を産めさえすればいいというわけです。

その一方で、父親が誰かが重視されるわけですから、武家社会においては女性の貞操は厳しく取り締られ、処女であることが重視されるようになっていきます。

かつて、私がまだ子どもだった頃に、電車の中吊り広告で、青年向け週刊誌の見出しに「君は処女派か、非処女も容認するか」なんていう言葉が堂々と書いてあったことを記憶していますが、そのような価値観が芽生えてきたのが、まさにこの江戸時代だったと言えるでしょう。もちろんこうした規範や価値観が、一般庶民のレベルにまで達するのは、江戸時代というよりも、もっと後の明治時代以降のことになるわけですが、しばしば「日本は昔から女性の地位が低かった」と言うときの「昔」とは、相当の部分、江戸時代のことを指していたのだろうと思われます。

密通した者を罰する法律「密懐法」の存在

武家社会において貞操が厳しく取り締まられたという点では、そうした法律が現に存在したことを意味します。それは「密懐《びっかい》法」と言うもので、密通に関してどのように処理すべきかを定めた法令です。私の恩師筋の研究者である勝俣鎮夫先生という方が、この法令を研究し、「中世武家密懐法の展開」というような論文を発表されていました。

同法律では、たとえば娘が姦通を犯した場合には、父親が娘を殺害することも許されています。あるいは夫が間男に対して女敵討ちをする場合の例など、武家社会では武士の面目を保つために、女性への罰が重視されていたことが窺えます。

しかし、これが一般庶民となると、こうした密通をそこまで問題視している様子はありません。不倫を法で裁くようなことはせずに、話し合いで解決してしまおうというのが、庶民の知恵でした。あるいはそれだけ不義密通が横行していた、一般的だったということなのかもしれません。

よく言われる「間男七両二分」というのも、間男は密通が明るみになった場合には、罰金として七両二分を払うことで手打ちにするという取り決めのことを言います。七両二分というと、現在のお金に換算すると、だいたい七五万円程度。現代では不倫の場合の慰謝料は多くて三〇〇万円くらいと言われていますから、ずいぶん安いわけです。

なんともひどい間男になると、相手の旦那がいる前で、先払いで七両二分を渡しておいて、妻と関係を持つというような話もあり、江戸時代であってもある種の大らかさが庶民の間にはあります。こうした庶民の感覚が、戦前戦後の地方や農村社会において、民俗学者が発見していった大らかな性風俗のあり方に直結しているのかもしれません。

江戸に花開く庶民文化

庶民で賑わう遊郭と伊勢参り

江戸時代に入ると、特に江戸を中心として庶民文化の発達が見られるようになります。特に江戸の街というのは、各地から都市建設のために出稼ぎの職人や商人たちが集まり、女性よりも男性が圧倒的に多い、男性過剰な都市でした。吉原をはじめとするような遊郭街のように、男性向けの娯楽が発展していくのもごく自然なことだったのです。

特に江戸時代には五大遊郭といって、全国の都市部で遊郭が栄えます。江戸の吉原をはじめ、大阪の新町、京都の島原、長崎の丸山、そして伊勢の古市です。

特に伊勢については、「一生に一度は伊勢参り」という諺にもある通り、お伊勢参りというものが江戸時代に非常に盛んになっています。江戸時代を通じて、四度ほど伊勢参りブームが起きますが、なかでも一八三〇（文政一三）年の流行は最大級のもので、伊勢神宮に詣でる人は、その手前の宮川の渡しを通ることになりますが、この年の三月末から九月までに、およそ四八六万人もの人々が川を渡ったとされます。

そもそも伊勢参りの目的はなんだったのかというと、もちろん伊勢神宮にお参りすることが最終的な目的なのですが、まず一番に旅行を楽しむという感覚があったのだろうと思います。

伊勢神宮はよく知られている通り、外宮と内宮に分かれており、その両方を参拝して伊勢参りとなるわけですが、普通に旅行した際には最初に外宮に行き、参拝をします。そして、その日のうちに内宮に行かず、宇治山田で一泊します。ここには先ほどの五大遊郭のひとつ、伊勢の古市があって、男性の旅行者は「精進落とし」と称して遊郭で遊んだのです。その夜に一気に路銀を使い切ってしまって、内宮へ行ってお賽銭をあげるお金もないというような状態になる、なんてこともしばしばでした。そのためか、内宮よりも外宮のほうが潤っていたなんていう逸話もあるくらいです。あ、現在の伊勢神宮は各式を重んじ、私たち庶民のお賽銭は受けつけていません。念のため。

春画に見る性愛のあり様

江戸時代も進んでくると、大きな戦乱もない太平の世となって、経済が潤えば庶民たちも裕福となり、力をつけてきます。そのなかでさまざまな庶民文化が花開いていきます。

江戸の庶民を彩った浮世絵や錦絵の類もその代表的なもののひとつでしょう。時には色彩豊かな錦絵は、贅沢品だと言われて検挙の対象になることもありました。

また性愛の関連で言えば、今日でも知られる春画が多数描かれたのも、この時代のことです。「馬鹿夫婦春画を真似て腰痛め」という川柳が作られるほど、春画のなかで描かれる男女の交合はアクロバティックな構図が多いのですが、時にそれは江戸時代の人々の性的な嗜好というものを色濃く反映しています。

たとえば、普段着として着物が一般的である江戸時代においては、着物を粋に着こなすのには、鳩胸や出尻というのは嫌われていました。なるべく凹凸のない、寸胴な身体こそが着物を着た時には美しいとされていたのです。胸の大きい人はあえてサラシを巻いて潰したり、腰のくびれにもサラシを巻いて凹凸を消すようにしたのです。ですから、当時の女性の胸というのはそんなに豊満ではなく、むしろ、ほとんど男性と変わりない「まな板」のような胸がよしとされていたようです。

確かに春画作品を見ても、性器はどぎつく誇張されて描かれているのに対して、女性の胸というものは、さほど誇張されていないように思えます。

また、春画作品のなかで五人がかりで一人の女性を攻めるという構図の絵を見たことがありますが、一人は普通に交わり、一人は口づけをし、という感じ。ところが、誰も胸に吸い付いたり、触ったりはしていない。その意味では、江戸時代の頃は、女性の胸とはそこまで性的な魅力や興奮を喚起するものではなかったのではないかと考えられます。

たとえば、海外では、特にブラジルなどのラテン的な文化圏において、胸の大きさよりもお尻の大きさのほうにセックスアピールを感じるという場合が少なくありません。文化が異なれば、何をもって性的な興奮が喚起されるのかも異なるということなのでしょう。

三くだり半と縁切寺

本書で語ってきたように、江戸時代に入ると、儒教の教えの浸透によって、特に武家社会では恋愛や性愛の地位というのは低く見られ、規制や処罰の対象として忌避されるようになります。その反面、庶民社会においてはそこまで儒教的な教えにがんじがらめになっているというわけでもありません。

その意味では、男女の婚姻のあり方についても、ある程度のフレキシビリティがあったと言えるかもしれません。

たとえば、有名なものに「三くだり半」と「縁切寺」というものがあります。

三くだり半というのは、庶民の夫婦の間で交わされた離縁状の俗称で、夫から妻、あるいは夫から妻の父や兄に対して突きつけられるものです。三行半で書くという風習があったことから、三くだり半と呼ばれるようになりましたが、実際には三行半では収まらない場合も多いようです。三くだり半は、夫から妻へと出される離縁状ですが、必ずしも夫や嫁ぎ先の家の意向次第で、嫁は簡単に三くだり半を突きつけられ、離縁させられたというわけではありません。むしろ夫には、離縁状を交付する権利というよりも、義務があったとされます。妻が離縁を望んでいるのに、離縁状を書かないのは夫のほうの恥だとも言われていたのです。

また、どうしても離縁状を夫が書いてくれない場合には、女性は「比丘尼寺へ駆け込み、三年そこで過ごせば離縁することができる」と、幕府法で決められていたとあります。この比丘尼寺というのがいわゆる「縁切寺」のことです。

江戸時代においては、鎌倉にある東慶寺、現在の群馬県である上野国にあった満徳寺などが縁切寺として、女性たちの駆け込み先となっていました。特に鎌倉の東慶寺というのは、豊臣秀頼の娘が命だけは許されて出家し、天秀尼となって暮らしていたところです。徳川秀忠の娘・千姫が彼女の義理の母となりますが、この東慶寺は千姫が出資して運営されていました。このような縁切寺の寺内に一歩でも入れば、女性は追手から逃れられて、離縁が成立するまでそこで暮らすことができたのです。

江戸時代には庶民の間で、非常に離婚率が高かったとも言われていますが、それはこのように、ある程度の離婚の自由が担保されていたからなのかもしれません。

男たちの明治維新と新しい女性の登場

「新しい女性」たちの戦い方

先述したように江戸時代における厳格な性規範や女性に対する厳しい縛りといった価値観は、明治時代に入って以降、一般社会にも浸透していくようになります。

そもそも明治維新によって新政府を樹立した男たちというのは、結局は下級武士の人間たちだったわけです。西洋近代の考え方や法律、人権意識などが、文明開花とともに日本に入ってくるようになりますが、国の舵取りをする側が、武家社会の規範を引きずっているのであれば、なかなか問題は複雑です。明治以降に胎動を見る日本の女性解放運動というものも、非常に困難な状況下にあったと思われます。

こうした江戸の武家社会的な秩序のあり方から脱しようと、声を上げた女性たちは、平塚らいてうをはじめとする「新しい女性」たちでした。しかし、こうした明治・大正の女性解放運動においては、しばしば放埒とも言いたくなるほどに赤裸々な性的事件を起こしたりもしています。

平塚らいてうにしても、夏目漱石の弟子の森田草平と栃木県塩原で心中未遂事件を起こし、世間を騒がせました。さらには年下の男性と大騒ぎの末に同棲したりもしています。「若いツバメ」という表現は、この事件から生まれました。

あるいは、大逆事件で逮捕されて処刑された管野スガにしても、活動界隈の複数の男たちと関係を持ったりと、実に性的に放埒な行動が特徴的です。

しかし、これは私の妻から言われたことでもあるのですが、日本の歴史を通じて、女性は政治や経済の表舞台からは遠ざけられてきたという現実は確かにあるわけです。それがいきなり明治の世になったからといって、女性が男性と対等な立場で渡り合おうといっても、政治や経済の領域では、まだ満足に戦えるほどの土俵が整っていないわけです。政治的にも経済的にもどうしても女性の立場は限られてしまう。女性がいきなり官僚になって男性よりも偉くなったり、財閥の総帥になったり、軍人になったりというのは、まだまだ無理のある時代だったのです。

そんな状況にあって、女性が男性と五分と五分で向かい合える場というのは、恋愛や性愛の領域だったと言えるのかもしれません。女性解放運動に身を投じた「新しい女性」たちの奔放な性のあり方というのは、まさにそれ自体が男性に対する闘争だったのかもしれないのでしょう。

おわりに

本書では、恋愛や性愛をキーワードに日本の歴史を概観してきました。本書でも繰り返し述べてきたように、日本文化というものは、歴史を通じて、大らかで、その反面、ゆるくぬるい時代もあったと言えるかもしれません。

現代日本においても、男女の恋愛・性愛というものは大きな転換点に差し掛かっていると言えます。

ＬＧＢＴＱのように、これまで「伝統的」と言われてきた性規範では捉えがたい性のあり方を生きる人々が声を上げる時代にあって、改めて恋愛や性愛の問題をよりフラットに語り合い、探究し合える時代になったとも言えるでしょう。

本書で見てきたように、古代から平安、中世、戦国に至るまで、恋愛・性愛のあり方というものには、日本ではある種の大らかさがあったと言えます。武士の台頭とともに、次第にその価値観は揺らいでいき、江戸時代に入って、より時代の支配階層として武士が固定化されると、儒教的価値観が強くなってきます。これに伴って、男女の恋愛や性愛というものはよりネガティブな意味を孕むようになっていきました。

平安時代においてはある種の教養を意味した色好みは、蔑称のように扱われ、それは明治維新を通じて、近代日本へと広く浸透していく価値観になったのだと考えられます。

逆に言えば、私たちが伝統だと思っている価値観、当たり前だと思っている価値観も、歴史のある一時期に芽生え、広まった考え・価値のあり方に他ならないのです。

このように、歴史を知ることはまさに、今、私たちが拠って立つところの価値観の限界を知ることでもあります。

今日、少子化というものは国家のあり方を左右する喫緊の問題としばしば言われますが、そのための解決策もまた、歴史のなかにあるのかもしれません。

改めて歴史に学び、自分たちの生き方について考える機会を、読者のみなさんに提供できたのならば、これ以上の喜びはありません。ぜひ、本書に散りばめた歴史のヒントを参考に、今日の問題について考えを巡らせていただければ幸いです。

本郷和人

参考文献（順不同）

本郷和人『世襲の日本史　「階級社会」はいかに生まれたか』NHK出版
本郷和人『天下人の日本史　信長、秀吉、家康の知略と戦略』宝島社
本郷和人『ざんねんな日本史』宝島社
本郷和人『日本史のツボ』文藝春秋
本郷和人『歴史学者という病』講談社
本郷和人『日本史　自由自在』河出新書
本郷和人『日本史ひと模様』日経ＢＰ
本郷和人／井沢元彦『疫病の日本史』宝島社
本郷和人／井沢元彦『日本史の定説を疑う』宝島社
本郷和人監修『恋する平安京　コミック＆小説を楽しむビジュアルガイド』講談社
宮本常一『忘れられた日本人』岩波書店
柳田國男『婚姻の話』岩波書店
折口信夫『折口信夫全集　第四巻　口譯萬葉集（上）』中央公論社
折口信夫『折口信夫全集　第五巻　口譯萬葉集（下）』中央公論社
中西進『万葉集（一）～（四）』講談社
エマニュエル・トッド（石崎晴己監訳）『家族システムの起源　Ｉ　ユーラシア』上下、藤原書店
エマニュエル・トッド（荻野文隆訳）『世界の多様性　家族構造と近代性』藤原書店

高木侃『三くだり半と縁切寺』講談社
網野善彦『中世の非人と遊女』講談社
佐藤晃子『源氏物語解剖図館』X-Knowledge
丸谷才一『日本史文学史早わかり』講談社
丸谷才一『恋と女の日本文学』講談社
丸谷才一／山崎正和『日本史を読む』中央公論新社
高群逸枝『高群逸枝全集　第2巻　招婿婚の研究1』理論社
高群逸枝『高群逸枝全集　第3巻　招婿婚の研究2』理論社
高群逸枝『高群逸枝全集　第6巻　日本婚姻史／恋愛論』理論社
磯田道史監修『カラー版　江戸の家計簿』宝島社
別冊『環』26号「高群逸枝　1894－1964」藤原書店

画像提供

アフロ／Photolibrary／ColBase (https://colbase.nich.go.jp/)／wikimedia common

スタッフ

カバーデザイン	G-clef
本文DTP	藤原政則（アイ・ハブ）
編集	宮下雅子（宝島社）
構成・編集協力	吉祥寺事務所 金井良樹・小島亜佳莉

著者プロフィール

本郷和人（ほんごう かずと）

1960年、東京都生まれ。東京大学史料編纂所教授。東京大学・同大学院で石井進氏、五味文彦氏に師事し日本中世史を学ぶ。史料編纂所で『大日本史料』第五編の編纂を担当。著書に『権力の日本史』『日本史のツボ』（ともに文春新書）、『乱と変の日本史』（祥伝社新書）、『日本中世史最大の謎！　鎌倉13人衆の真実』『天下人の日本史 信長、秀吉、家康の知略と戦略』（ともに宝島社）ほか多数。

宝島社新書

恋愛の日本史
(れんあいのにほんし)

2023年7月24日　第1刷発行

著　者　本郷和人
発行人　蓮見清一
発行所　株式会社　宝島社
〒102-8388 東京都千代田区一番町25番地
電話：営業　03(3234)4621
編集　03(3239)0646
https://tkj.jp
印刷・製本：中央精版印刷株式会社

ISBN 978-4-299-04297-2